駒井式 やさしい韓氏意拳入門

Beginner for
HanShiYiQuan
by Masakazu Komai

駒井雅和

日貿出版社

本書の出版を祝って

「駒井氏が本を出す」。その知らせを伺って、驚きと同時にホッとする気持ちが私の中で湧いてきました。

最初の頃は日本の韓氏意拳の弟子の中で駒井氏が特に抜きん出ていた印象はありませんでした。韓氏意拳の弟子の中では彼の資質は中の下ぐらいの印象で、当初は彼が韓氏意拳を体得できるかどうか心配で先を判断しかねるところがありました。

そのような気持ちから光岡氏（日本において最も武の資質に恵まれた韓氏意拳の弟子）にも私の考えを当初から常々率直に伝えており、駒井氏のことを気にかけ、彼に注目し手助けするよう伝えていました。

しかし駒井氏は自らの不屈の信念と実践を試みる努力をもってして、水滴が石を穿つが如く彼に対する私の不安と心配を一切消し去ってくれました。彼は自身の体会（体認）をもってして真の変化を遂げることで自らの進歩を私に実証してくれました。

私は、彼の難苦を経て書いた文章の内に包み含まれる〝真〟が、後に武術を学ぶ者や韓氏意拳に関心を持つ人たちの手助けになると信じています。この度の駒井氏の著述の出版に当たって師としては隠せぬ驚きと嬉しさがあります。

駒井さん、よくやりました！
また、この機会を借り日本の弟子たちの皆が普段から韓氏意拳の普及発展のために弛まぬ努力をしてくれていることに心より感謝したい。

国際韓氏意拳総会 会長　韓氏意拳創始人
２０１８年秋　珠海より　韓競辰

左から、日本韓氏意拳学会会長 光岡英稔導師、国際韓氏意拳総会会長 韓氏意拳創始人 韓競辰導師、著者。

はじめに

まずは本書「駒井式　やさしい韓《かん》氏《し》意《い》拳《けん》入門」の執筆の切っ掛けから始めさせて頂きます。

私は自分の主催する講習の後に、参加して頂いた方に韓氏意拳の感想を聞くようにしています。直接聞いているのであまり否定的な意見を聞くことはないのですが「面白かった」と言ってくださる方も枕詞のように「難しかったけど」が付いてくることが多くあります。

すでに韓氏意拳に関する素晴らしい著作が何冊も出ているのですが、それらを読んで講習会に来られた方の感想も「なんだか分からないけど、興味を惹かれたので参加しに来ました」という具合です。

皆さんの言う〝難しさ〟は、私自身も学習体験の中で感じていたことですので、とても共感できるものでした。

そうしたこともあり、

「一冊くらいは〝やさしく〟て読みやすい韓氏意拳の本があってもよいではないか」

との想いでこの本の元になったＷＥＢマガジン・コ２の連載を始めた訳です。

どのように連載を進めようかと考える際に、韓氏意拳の創始者である韓競辰《かんきょうしん》師に「韓氏意拳の著作は書かないのですか？」とお聞きした時のことを思い出しました。

師からは「一つのことを書こうとすれば、関連する全てを書かなければ気が済まず、何度か挑戦してみたが未だ形にならない」との返答を頂きました。

確かに師が韓氏意拳を語り始めると、何時までも終わりません。

師の師であられる韓星橋《かんせいきょう》先師もそのような方だったそうです。

そこで私の連載では多方向性、多様性がある韓氏意拳を順序だって紹介する為、韓氏意拳の初級の学習体系に沿って紹介し、連載を読むことで受講を仮体験できることを目指しました。

また、韓氏意拳を未経験の方が読んで「ちょっと」やりたくなった時に、なるべく迷いなく取り組んで頂く為に動きが分かるように写真を多く掲載しました。さらには各章に韓氏意拳の難しさを少しでも解消するために工夫した運動を「駒井式」と称して、師が定めた韓氏意拳の体系には無い練習法も体系とは別に紹介していますので参考にして頂ければと思います。

なお、本にするにあたって連載時には省略した内容を加筆し、長期にわたる連載で一貫性のない所は編集し改めました。

連載時にお読み頂いた方にも、さらに分かりやすくなっていますので「完全版」としてお読み頂ければと思います。

書籍化にあたりタイトルについて編集氏より「〝駒井式〟と入れてはどうでしょう」と初めに言われた時は、著者名があるので表題にまでは不要だと思いました。しかし、よくよく考えてみると基本的な練習法に関しては、なるべく師から習ったそのままに伝えるよう心がけましたが、その練習への取り組み方、応用、対人練習法などは確かに私の考え、つまりは「駒井式」が色濃く出ています。であるなら情報の整理整頓の為、タイトルにも分かりやすく表記しておく方が良いのではと思い直し、新たに「駒井式」と冠することにしました。

本書の読み進め方

第1章の「形体訓練」、その次は「站椿《たんとう》」と続きます。どの様に読むかはお好みでとなりますが、「站椿」に進む前に実際に「形体訓練」と「駒井式」を行ってみることをお勧めします。感じ方は人それぞれだとしても、実際に行った時に感じた「感覚体験」があるのとないのとでは、読み進めた時の感じ方が変わってくると思います。これも韓氏意拳を「やさしく」する為の方法です。

目次

本書の動画について

本書ではより読者の皆様の理解を深めるために、随所にスマートフォンや携帯電話で動画を視聴するための QR コードがついています。お使いのスマートフォンに QR コード読み込みアプリがない場合は、それぞれの機種で指定されたアプリをダウンロードの上でご視聴ください。

また動画はすべて YouTube（https://www.youtube.com/）の動画配信サービスを利用して行っています。視聴については著作権者・出版社・YouTube の規定などにより、予告なく中止になることがあることを予めご了承ください。

第2章 〝站椿〟 41

第3章 〝試力〟 81

第7章　〝基本拳式〟　203

本書について

本書は、WEBマガジン　コ2【kotsu】（http://www.ko2.tokyo/）上で、2015年1月より2018年2月まで連載された、「やさしい韓氏意拳入門」を基に増補改訂したものです。

WEBマガジン コ2【kotsu】では、武術、武道、ボディーワークをはじめ、カラダに関することを情報発信しています。企画のご相談、執筆なども随時承っていますので是非、ご覧ください。Twitterアカウント：@HP_editor

第8章　〝拳法〟　233

第9章　〝補助功法〟　261

第1章

形体訓練

韓氏意拳は難しい？

皆様、改めましてこんにちは。韓氏意拳の指導員（教練）の駒井雅和です。私は韓競辰老師に韓氏意拳を習い始めて15年、韓氏意拳を指導して12年くらいになります。

「おー、たった3年ほどで指導者に！」

と思われるかもしれませんが、そうなったのは理由があり、残念なことに、

「ほとばしる才能を認められたから！」
「類稀なる実力の持ち主として認められたから」

というようなことではなく、その当時は会として発足間もない頃でまだ私も若く、しかも将来にこれといった展望も特に無かったところを光岡英稔師に拾われて……、と言ったようなご縁で、指導者になるという大した覚悟も無いまま、

「韓競辰老師からたくさん習える、ラッキー！」

的なノリで指導者養成過程に入り、つたないながらも指導を始めることになりました。

右も左も分からない、そんなにわか指導者による講習でも韓氏意拳の指導体系に助けられて受講者の皆さんからは、

「楽しかったです！」「また来たいと思います！」

と言って頂いたのですが、じっくりと一人一人と話してみると、

「実は……」

から始まり、

「一人で練習していても難しい、不安がある」

「これで練習になっているのか、分からない」

韓競辰導師

「講習中に〝良い〟といわれても、〝悪い〟と言われてもその差が分からない」

という声がぽろぽろと聞こえてきました。

韓氏意拳の講習は比較的少人数で行われ、指導者との距離も近く、形なども複雑なものは少なく、一つ一つの動作を覚えることはそれほど難しくはありません。

これが私の講習会に参加した人のみの感想なら、私自身の指導力不足、解説能力の欠如を疑うところですが、実際に師の講習を受講した人のなかにも、そうした方もいます。

そして私自身もまたその「難しさ」「分からなさ」を感じながら練習していた一人でした。

この「難しさ」「分からなさ」は韓氏意拳の特長と言っていいほど韓氏意拳学習者について回るものなのですが、何もかもが、

「難しい！」


では一歩も前に進めません。

幸いなことに私は、同期の弟子のなかでも一番できの悪い人間でして、学習の一段階、一段階ごとに躓いてきた経験と、他の誰よりも「分からなさ」と向かい合っている自信があります（書いていてちょっと悲しくなってきましたが）。

ですので、そんな私が担う本書では、

〝誰も置いていかない、誰にでも分かる韓氏意拳〟

を目指して、話を進めていきたいと思います。

もしかしたら師から、

「これでは簡略化し過ぎだ！」

と大目玉を食らうかもしれません。

またすでに韓氏意拳やその他の中国武術を深く学んでいる方からは、

「なんて浅い内容だ、これでは読む価値が無い」

などと思う方もいらっしゃるかも知れません。

ですからそういう方には始めに一言いっておきます。

「ごめんなさい」

分かりにくさと付き合う

先ほどは、

「誰も置いていかない」

と書きましたが、実はこの本で想定している「誰か」は他の誰でもなく、私自身です。

つまりもともとできの悪い私が、今一度韓氏意拳を初めて学ぶ立場になったとして、ただ首を捻るだけではなく、

「その言い方なら分かる」

と思える、または少なくとも、

「分かったつもりになるのでは？」

といった〝私レベル〟で話を進めていきます。

ですので、読まれている方のなかには退屈に感じることもあるかも知れませんが、そのような理由によるものですのでご容赦願います。

もっと深い内容を知りたい方は全国各地で日本韓氏意拳学会の講習会が行われていますので、是非直接足をお運び頂き、体験されることをお勧め致します。

またすでに韓氏意拳には、深い内容にも触れている著作が世に出ていますので、そちらをお読みになることをおススメします。

とはいっても、多くの人にとっては韓氏意拳がどんなことをやっているのか分からないし、「中国武術」とか言われると怖さや怪しさがありますよね。

この本では、そんな怖さと怪しさをすこしでも取り払い、皆様と韓氏意拳を橋渡しすることができれば言うことなし、なのです。

韓氏意拳ってなに？

まず、お話を始める前に、この本を手に取った方のなかには、

「そもそも韓氏意拳ってなんなの？」

日本韓氏意拳学会 Web site

という方も多いと思いますので、そこからお話を始めさせて頂きます。

「大体その辺の事情は分かっている」という方は読み飛ばして結構です。


まず、韓氏意拳の〝韓氏〟は創始者の韓競辰老師の苗字を表しています。

私が創始者でしたら「駒井氏意拳」となるところです。

意拳に限らず中国武術界では、〝創始者の名前＋元流儀名〟で構成される流儀名が多いようです。太極拳の場合は、〝陳氏《ちんし》（陳式）太極拳〟や〝楊氏《ようし》（楊式）太極拳〟など、聞いたことがある方もいるのではないでしょうか。

元流儀である意拳という武術は、1930年代の中国で生まれました。

創始者の名を王薌斎先師といいます。

王薌斎先師は幼い頃体が弱く、その改善の為、郭雲深先師より形意拳を学びました。

初めはただ健康の為だった学習も、もともと王先師の気質に形意拳が合っていたのか郭雲深先師の最晩年の弟子として、形意拳を深く修めていくことになります。

そして形意拳とその他の拳術との交流から得た経験に加え中国伝統の学術、健身、養生などの体系から得た知識を踏まえて、それまでは、一連の動作を繰り返し練習することや筋肉トレーニングなどが中心だった中国武術界に、站椿を中心とした練習体系を打ち出し、一大センセーションを巻き起こしました。

その系統の一端を、韓競辰老師のご尊父にあたる韓星橋先師が受け継ぎ、その受け継いだものをまた韓競辰老師が受け継ぎ、時代の変化・ご自身の経験、韓家の武術を基にまとめ再編集したものが、現在の我々が学習している韓氏意拳になります。

どんなところで練習するの？

さて、では実際に練習を始める前に練習環境についてお話しします。

以前、韓競辰老師に、

「練習は、何時に行ったほうがいいとか、何処で行ったほうが良いなどということがあるのでしょうか？」

と尋ねたことがあります。返ってきた答えは、

「ありません」

でした。続けて、

「時間は朝でも夜でも構わないし、場所は狭くても広くても構わない。極端な話、トイレの中でも練習はできますね。時間や場所よりも大事なことがあります」

韓氏意拳に出会った当時の私の中国武術に対するイメージからは、ちょっと予想に反する答えだったので、びっくりしていると、更に続けて、

「ただ、環境を選べるのでしたらわざわざトイレで練習する必要はありません。心地良い場所で行えばよいです」

とのことでした。今は思いついた時に何気なく何処でも練習していますが、基本的には一人で落ち着ける環境で練習することをお勧めしておきます。

服装について

韓氏意拳には決まったユニフォームはありません。一人で練習するのならば動きやすい恰好であれば問題ありません。衣服で上手くなったり、下手になったりはしません。

但し対人稽古をする際は相手が不快にならない程度の清潔さ、お互いの余計な怪我防

止のために金具のついた服は着ないようにすることを忘れずに。

中国では室内でも靴を履く習慣から練習も靴を履いている前提で組み立てられていますが、日本の室内で行う場合は、靴下でも裸足でも構いません。練習用に靴を購入するのでしたら、靴底に極端な傾斜がなく、フラットに近いものをお勧めします。いずれにしても自分の足に合っていればＯＫ。老師に注意されていたのはサンダル履き位です。

韓氏意拳には蹴りの練習はありませんが、対人練習を行う際の注意点は衣類同様です。

※一般にカンフーシューズとして売っているものは踵部分の作りが緩いので、試し履きのできるところで購入しないと失敗が多いと思います。

さあ練習を始めよう！

さて本章では、韓氏意拳の初歩の初歩、「形体《シンティー》訓練《シュンレン》（けいたいくんれん）」を紹介します。

形体訓練は主に運動の経験が少ない方、過去に沢山運動をしていても最近は運動していない方向けに、韓競辰老師が中国武術の基本練習として行われる動作の中から、韓氏意拳で重要となる上下・前後・左右の運動をバランスよく体験できるように選び出して制定されました。

活力を持って取り組みましょう！

形体訓練の3つのポイント

① まずは伸び伸びと細かいことは気にせずに行う

いくつか動作がありますが、最初のうちはまず動きを覚えることでも一苦労でしょう。ですが、運動を行う際はあまり間違うことを気にせず伸び伸びと行ってください。そして分からなくなったら本書を見直してチェックしてみてください。

② 余裕を持った速度で行う

速度に関してですが、形体訓練では急ぐことなく道を歩く時に振る腕の速度のように、意識的に早いわけでも、遅いわけでもないような速度で慌てずに一回一回行ってください。意識して〝早く行おう〟と思えば緊張が生じやすく、反対に〝遅く行おう〟と思えば考え過ぎてしまうことが多いからです。

③ 最大可動範囲と最大有効範囲の違いを知る

いわゆるストレッチを行うと、適度であれば筋肉が伸びてとても気持ちが良いですね。デスクワークや過度の運動などで体が固まってくると筋を伸ばしたくなるものです。しかし、逆関節的に伸ばす要素を含むこの〝伸びる感覚〟が、どのような時に生じるのかを改めて観察してみると、体のどこかが止まっている時に生じる感覚のようです。

普段何気なく良かれと思って行っている〝伸ばす〟という行為も、こと運動の中では意外な曲者だったりします。

と、書いてもなかなか分からないと思いますので、簡単なチェック方法を紹介しましょう。

チェック　「あなたの運動は伸ばしすぎ!?」

まずは「伸ばしすぎ」を体験的に見てみましょう。

1 まずは立って、肩幅ほどに足を開いてください。そして「小さく前に倣え！」の様に手を軽く胸の前に出してみてください。
2 そこから指先の方向に少しずつ前に伸ばしていってください。
3 するとある範囲から先は重心が前の方に移ってきて、体が苦しくなってきます。さらに伸ばすと前に一歩出そうになります。

これが「可動範囲」です。
つまり動くことはできる（可動）が、少し苦しい感じですね。
この「少し苦しい感じ」が韓氏意拳のキーワードの一つ、

「舒展《シュージャン》」（じょてん）

を理解する大きな助けになってくれるのです。

ゆっくりと手を差し伸ばし、苦しくなる境目を探しましょう。

次に「最大有効範囲」という面からみてみます。

皆さんは何気なく歩く時は手や腕にどのような感覚がありますか？　朝、余裕を持って起きて、職場に向かう駅までの道のりやリラックスした川沿いの散歩など、感覚を思い出せない方は何処でもいいので実際に歩いて観察してみてください。

すると恐らく足だけでなく同時に腕も振っているし、手も動いているはずです。ところが普段はあまり動かしている感覚がないのではないでしょうか？

実は運動の目的に合わせて体全体が滞りなく働いている時は、特別な感じがするところが何も無いのです。この体全体が働いていて滞りが無く、少し苦しいような詰まりが無い時の生き生きした感覚を、舒展と言います。

舒展を保てる運動の範囲を「有効範囲」、その最大が「最大有効範囲」であり、この2つの要素を知り舒展をいつでも保つことが、韓氏意拳にとって練習の指針となります。とはいえ、

「体全体で行わなくては！」「滞りなく動こう！」

などとあまり気負わないで行うことが大切です。

なぜなら「自然に」「細かいことは気にしない」で行っている時こそ、体全体で動くことの条件を満たすからです。

韓競辰師はそれを、

「我想を捨て去る」

と表現されます。それでは実際に形体訓練を行ってみましょう。

前擺《チェンバイ》

01　　肩幅に足を開いて立ちます。目は前を向きます。
02　　両手を前後に振ります。
03　　高さは指先が眉毛の高さくらいまで。
04•05　交互に続けて行います。
※擺…「振る」の意味

手だけではなく体の向きも変化しています。

後《ホウ》擺《バイ》

01

02

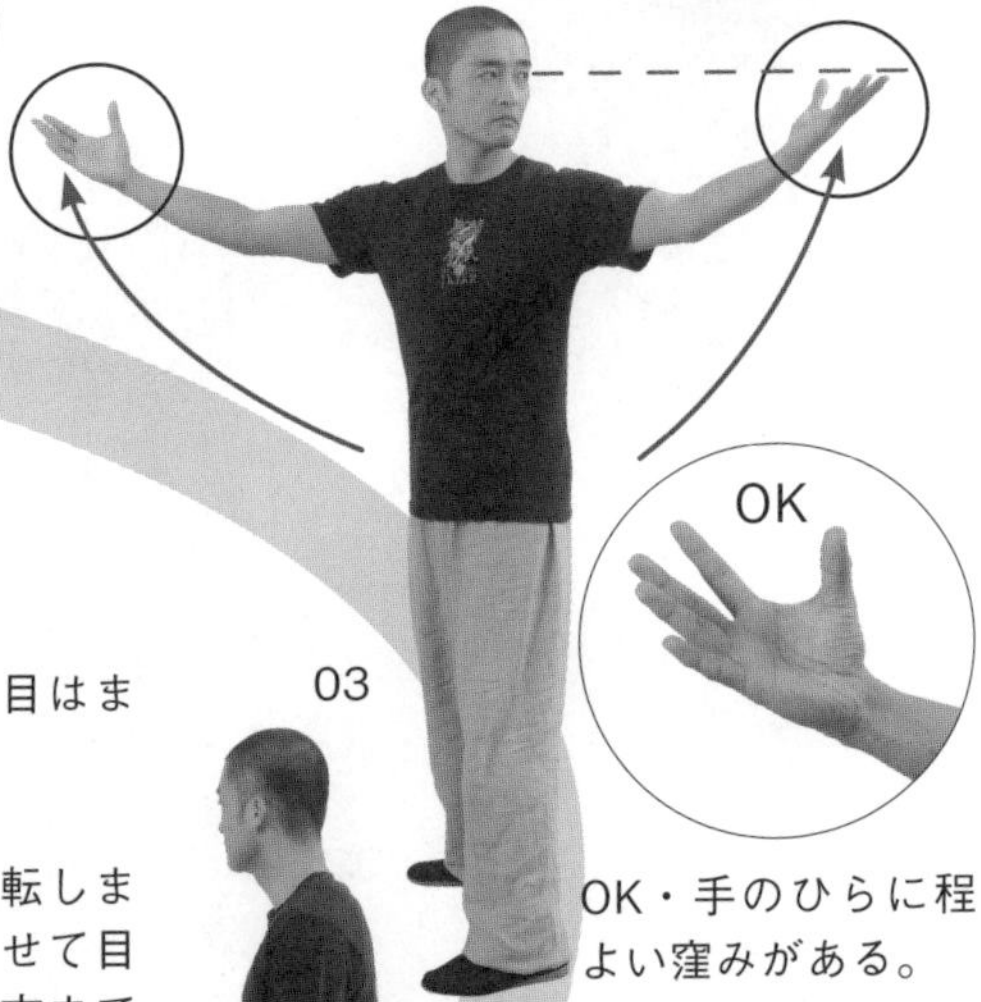

03

OK・手のひらに程よい窪みがある。

01　肩幅に足を開いて立ちます。目はまず前を向きます。
02　両手を前後に振ります。
03　手のひらが上を向くように回転します。体が開いていくのに合わせて目線を、後ろの手の指先の向く方まで持って行きます。
04･05　交互に続けて行います。
※後ろの方を見て擺（振る）運動です。

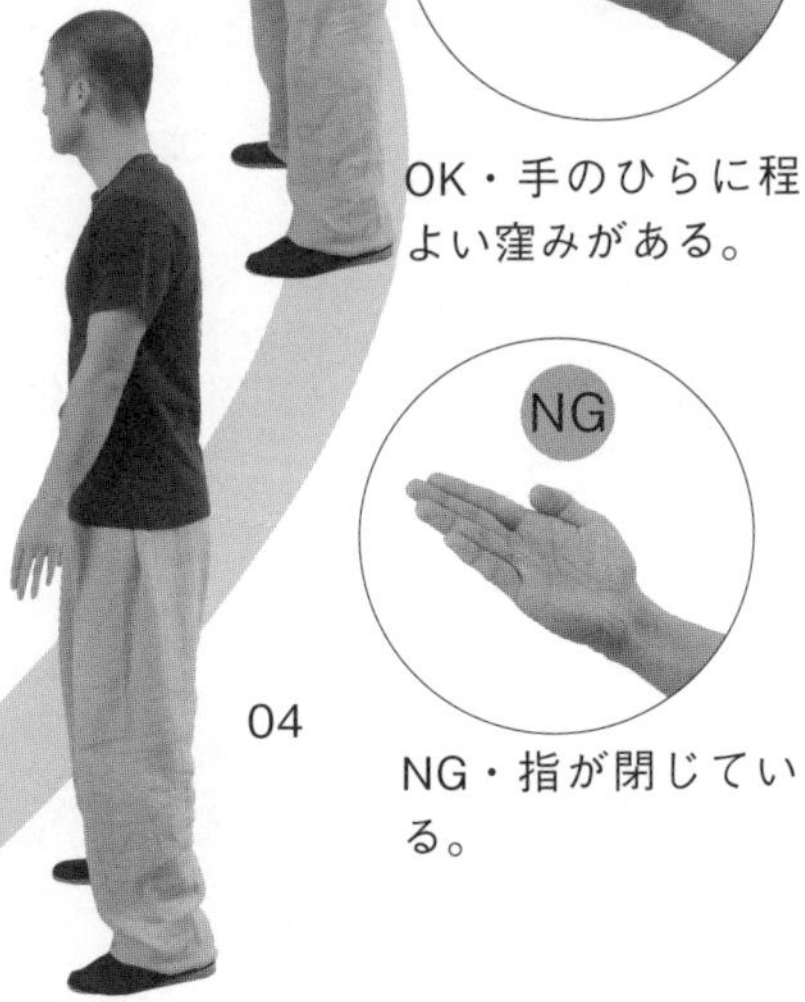

04

NG・指が閉じている。

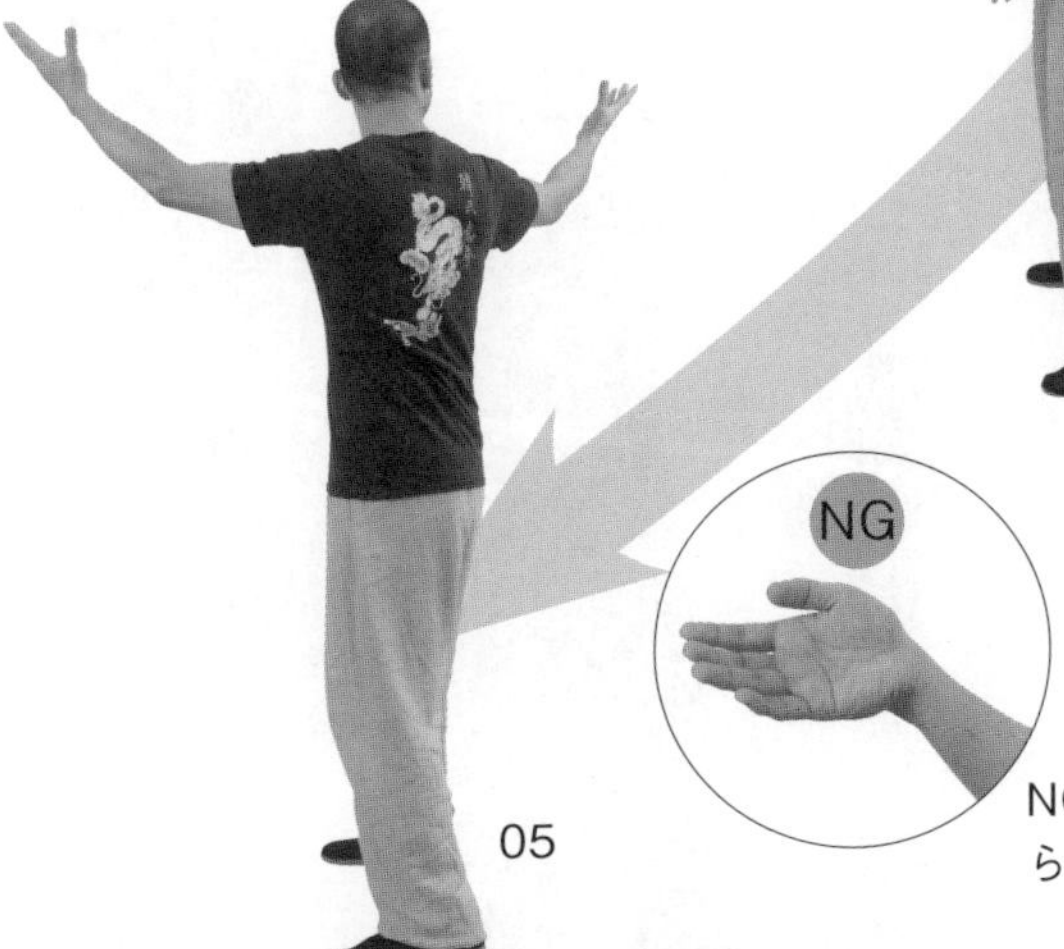

05

NG・力が抜けてだらけている。

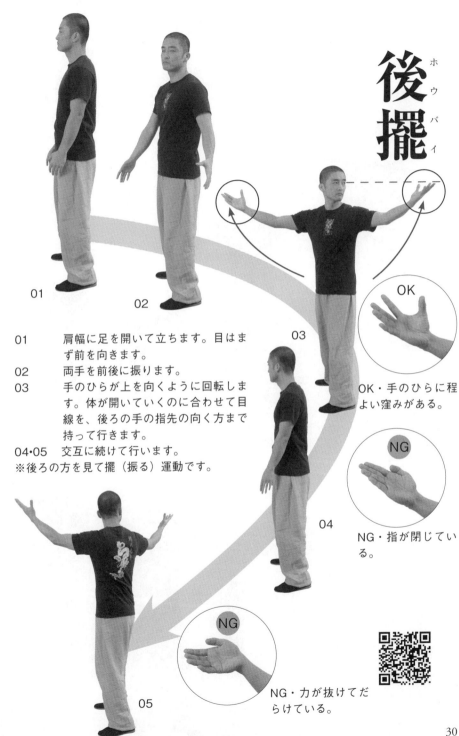

玉鳳飛翔《ユーフォンフェイシャン》

外回し

01 02 03

01　　肩幅に足を開いて立ちます。目は前を向きます。

02・03　両手を前に出します。指先を前に向けます。

04–07　手を回しながら、外側を通り、後ろまで。必ず体の側面よりも後ろまで。

08　　後ろまで行ったら再度前へ。また側面を通り後ろへと続けます。

※随走随転（スイゾウスイジョアン）…手が進むに随って回転し、回転するに随って進んでいきます。

04 05

06 07 08

玉鳳飛翔《ユーフォンフェイシャン》

内回し

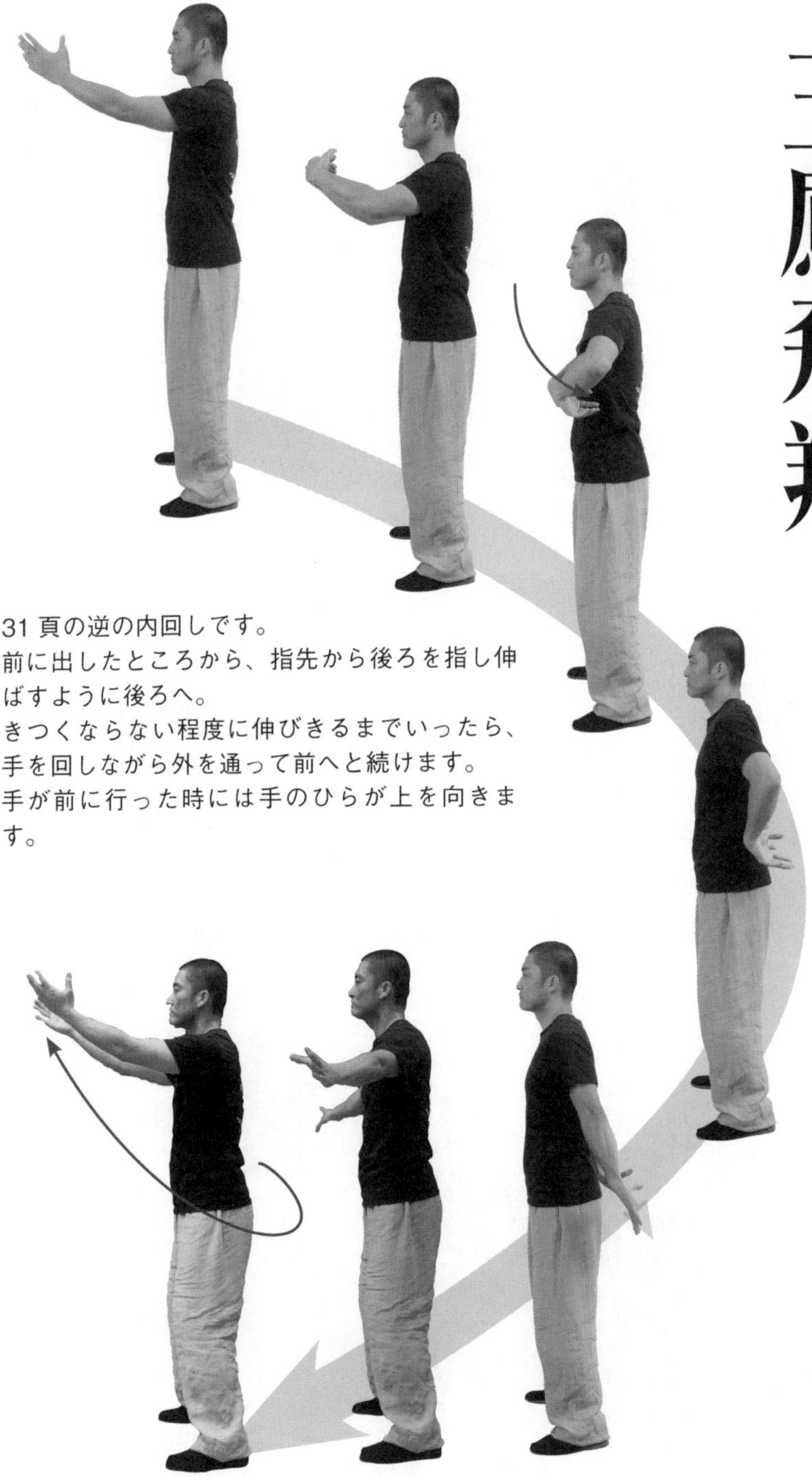

31 頁の逆の内回しです。
前に出したところから、指先から後ろを指し伸ばすように後ろへ。

きつくならない程度に伸びきるまでいったら、手を回しながら外を通って前へと続けます。

手が前に行った時には手のひらが上を向きます。

川掌《チュアンジャン》

01　02

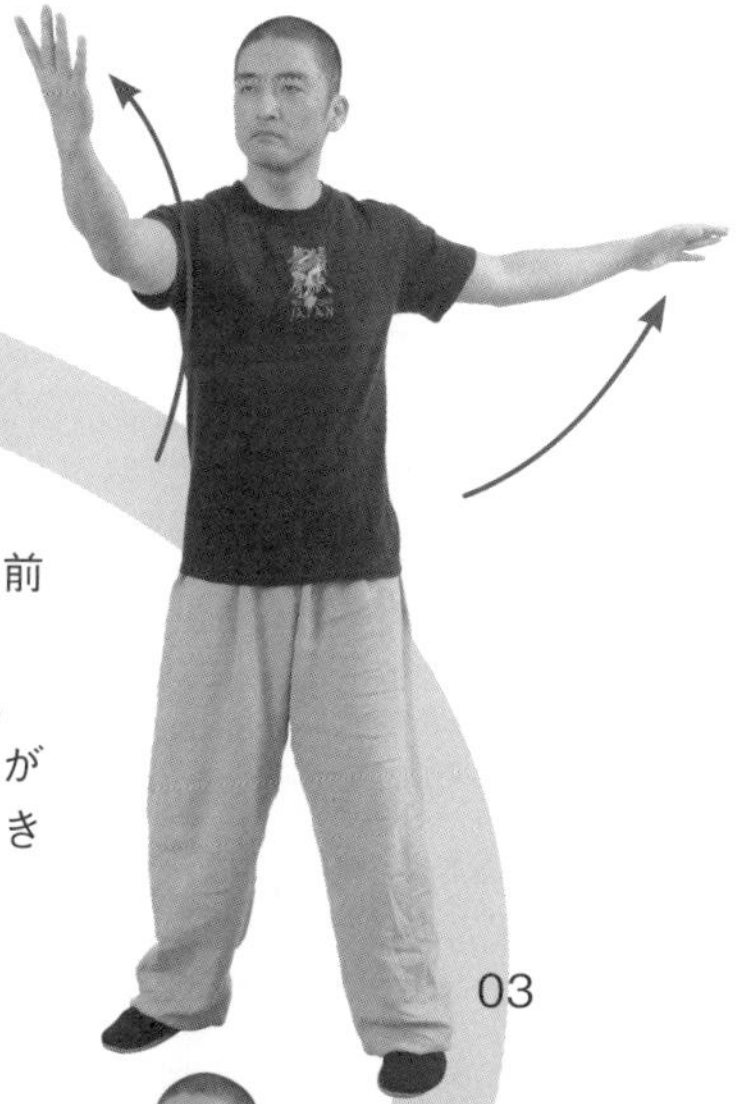

03

01　肩幅に足を開いて立ちます。目は前を向きます。
02　前方は上に向かって振り上げます。
03　指先が上を向くように回転しながら、後方の手は手のひらが下を向きます。
04•05　交互に繰り返します。
※川には「穿つ」の異文字あり。

手だけを動かすのではなく、体も同時に転ずる（転体）ことが大事です。

04　05

横向《ハンシャン》

01　肩幅に足を開いて立ちます。目は前を向きます。

02•03　右手を胸の高さくらいで横に振ります。

04　頭及び目は手の動きに合わせて、横を向きます。手のひらは少し上を向くようになります。

05-08　右手を振って、心地良くできる範囲の最大まで行います。自然に行えていれば、写真のように胸に収まります。左右交互に繰り返します。

※この段階では足は止まって行いますが、実際に横方向に向く運動につながっていきます。

振った手は故意に戻さずとも体のつながりで戻します。

蹲《ドゥン》起《チー》

別角度
膝がつま先よりも
出過ぎないように。

NG

指先が上を向いている。

01　肩幅に足を開いて立ちます。目は前を向きます。

02•03　腰を座っていくように下ろして、手は両手とも眉毛の高さあたりから、上へ振ります。

04•05　一番下まで行ったら、今度は手を下へ振りながら、体が立ち上がります。立っている姿勢から、座り、戻ってくるまでの過程を一区切りとします。

体力に合わせて、二度、三度と続けます。※何処まで腰を下ろすかは、体と相談して行ってください。ポイントは踵は絶対に上げないこと。もし上がってしまうなら、上げなくてもできる高さまで腰を下ろして行ってください。

NG

手首が返ってしまっている。

前《チェン》跪《グイ》

01　蹲起のように腰を下ろします。
02　座った姿勢から、お腹を前に出します。
03　手を両手とも振り下ろします。
04　元に戻って、続けます。
※手は前後でなく上下に。難しい場合は最初は膝を着いて練習しても良いでしょう。

腰が落ちて手が伸び過ぎている。

膝は地面に着かせず、手は返らないことが大事です。

形体訓練のそれぞれに、

「これはこの目的に！」

「この運動をするとこんなことができる！」

といったような、いわゆる用法的なものは存在しません。

あくまでも広く運動中の感覚を、站樁の前に実際に体験することが第一で、後に登場する学習過程を学ぶと、拳の軌道を大きな動作で理解する役割があることに気がつきます。

講習などで教学上の規範として用法的にお見せすることはありますが、韓氏意拳における全ての練習の目的は「状態」を掴むことにあります。

「状態」については次章の站樁で詳しく解説していくことになります。

次に進む前に形体訓練の「形」を通して、運動中に滞りがないかに注目しつつ行ってみてください。

遊び稽古01 「有効範囲チェック」

手を前に出していくところを、パートナーに上から軽く押さえてもらって、力みが必要になるところがどのあたりなのか探してみよう！

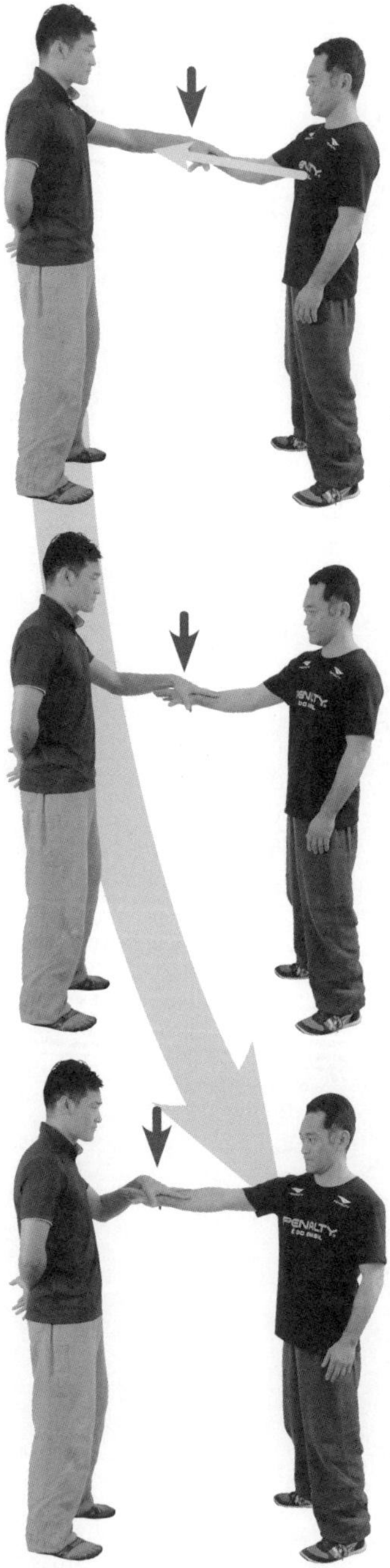

手を前に出したところをパートナーに上から下へ押してもらいます。

どこかの時点で崩れます。崩れてしまうところが有効範囲と可動範囲の分かれ目です。

スタートの時点で崩れてしまったり、力んでしまうような強さで行うと検証が難しいので、パートナーの体力に合わせてお互いに加減して行うと良いでしょう。

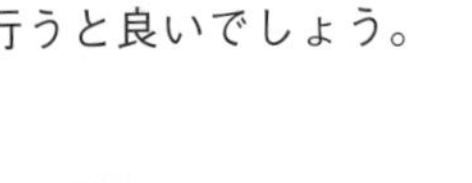

手を出し過ぎると耐えられなくなる。

第1章のまとめ

いかがでしたでしょうか？

どれも重要な練習であることは変わりありませんが、「形体訓練の中で最も重要な練習法はなんですか？」と問われたならば、私は「蹲起」と答えます。

運動において上下の運動は基本となります。

その名の通り立ったりしゃがんだりの繰り返しで、蹲起より前を平地を歩く運動だとすれば、蹲起は急な登り坂や階段に例えられる位の差があり少し疲れますが、次章の站樁を理解する為にも大変重要な練習です。


やらずして得られる経験などありませんので毎日のように地道に繰り返すと良いでしょう。

第2章

站樁

「站椿」って何をしてるの？

第2章では韓氏意拳の最も基本となる練習「站椿《ザンゾォン》（たんとう）」を紹介します。

站椿ってなんでしょうね？

「站」はバス停や東京駅などの「停」「駅」にあたり、移動しないイメージ。「椿」は「地面に杭が刺さった様子」。合わせて「立って止まっている」という意味なのですが、それが何の練習になるのでしょうか？　恐らく中国武術に馴染みのない方が私たちが站椿の練習をしているところを見ても、とても武術の練習には見えないはずです。

たまに動いたりもしますが動物園でハシビロコウの様子を観察しているような、なんともいえない気分になるかもしれません。

中国武術で一番ポピュラーな太極拳のように動きのあるものなら、武術にそれほど馴染みのない方でも、まだ「なにかの型をやっているのだな」と想像できるかも知れません。すくなくとも何か体操・運動をしていることは分かるでしょう。

しかし韓氏意拳の站椿には動きがほとんどありません。

もう少しマニア寄りの人なら、

「きっと気功の練習をしているに違いない」

「いやあれは呼吸法だよ」

などと思うかもしれません。

それだけならまだましなのですが、ちょっと方向の違うマニアな方から、

「いやいや、あれは宇宙と交信しているのだ」

と言われそうなほど怪しげな雰囲気を醸し出してしまっています。


しかし韓氏意拳の站椿はそのどれでもありません。

養生だけではなく武術の練習であり、韓氏意拳をする上でも避けては通れない基本的な練習です。

では、なぜ立って止まっている練習が武術の練習として成立するのか？　本章ではそこから解説していきます。

站椿の3つのポイント

① 構造的安定性

站椿ではまず「構造の安定性」とは何かということを理解することを目標にします。バランスの取れたビルの鉄骨のごとく手足体の位置関係が整っていると、体は特別に鍛えていなくても支え合う強さを発揮してくれますが、整いを失うと構造的な強さを発揮できません。

動きの中で整いの感覚を掴むことは難しいので、站椿ではほとんど静止した状態で探っていきます。

韓氏意拳の練習体系ではいわゆる筋トレのように、特定の筋力をアップするための運動を行いませんが、この構造の安定性を理解することで、部分的な筋肉の伸び縮みのみに頼った動作を行ってしまうことから離れます。

この整った位置関係が作る〝安定性〟が、韓氏意拳の求める〝ちから〟の一つです。力に対する認識を変える（換勁）練習と言い換えても良いかもしれません。

ここは目に見える形で理解できる段階なので、感覚的なものに比べれば分かりやすいポイントとなります。しっかりと身に付けましょう。

但し、構造の安定性が良いモノで、筋肉による運動が悪いモノというわけではありません。

練習の目指す方向性が違うというだけです。運動には筋肉も大事です！

練習の段階によって人に触れてもらうことで、「本当に安定しているのか？」のチェックを行い、安定性がある時と無い時の違いを体験します。

②指示と行為が同時

私たちは日々情報が飛び交う社会の中で生きています。

「あれが良い」
「あれが美味しい」
「こうやると良い」
「これが必勝法だ」

または、

「こうすると失敗する」
「あなたがダメなのはこれが原因！」
「成功者に共通する7つの法則！」

などのハウツー的な、時には実際に始める前に「知っていなければならない！」というようなある種の強迫観念に捕らわれることもあるでしょう。

しかし例えば机の上のリンゴを手で取る際に、複雑なハウツーが必要でしょうか？恐らくみなさんは、〝ただ行っている〟だけですね。

この〝ただ行っている〟だけの運動を、指示（意）と行為（が生む形）が同時発生することを指して、

「一《イー》形《シン》一《イー》意《イー》」（いっけいいいちい）

と呼んでいます。

手を上げるならばただ手を上げるだけ。

站椿の手の上げ下げも全てそのように行います。

動きの軌道に関してはある程度動きの手順を覚えるまでは写真で確認しながら行って

ください。

③ 足裏の感覚

次に大事なのは、足裏の感覚は地面を突っ張らないことです。それでいてペタッと張り付くような感じでもない。いつでも動きだせる、例えるのならば陸上（水泳でもよいです）の短距離走のスタートの瞬間を待つ時のような研ぎ澄まされて静かな、それでいてドキドキ、ソワソワして落ちつかないような、あの感じがあるかどうか？

止まって行う站椿だからこそ、動ける状態（運動状態）で行うことが重要なのです。ここに站椿が止まって行いながらも、武術としての練習として成立するのかどうかの鍵があります。

とはいえ、全てまずはやってみないと分からないところなので、意味や理由が分からなくても写真と解説を参考に実際にやってみましょう。

登場！ 站椿8種

站椿には以下の8種類の立ち方があります。

挙式《ジューシー》（きょしき）
抱式《バオシー》（ほうしき）
捧式《パンシー》（ほうしき）
推式《トゥイシー》（すいしき）
按式《アンシー》（あんしき）
劃式《ファーシー》（かくしき）
提式《ティーシー》（ていしき）
結束式《ジェシューシー》（けっそくしき）

それでは早速、それぞれ見ていきましょう。

挙式《ジューシー》

01　肩幅に立ちます。
02-04　自然に左右に開いている手をゆっくり上に挙げていきます。
05　その手の指先が真上を向くくらいまで上げます。そのまましばらく繰り返します。

站椿８種

抱式《バオシー》

挙式から続けて行います。

01　ゆっくり手を胸の前まで下ろしてきます。

02・03　小指が大体肩の高さまで下りてきたら、手を抱くよう、何か物を取るように手前に寄せます。

04　程よい所まで曲がったら、腰を下ろします。

05　肩幅くらいであった足の幅を少し広げます。しばらく続けます。

01

02

03

肩幅のまま手を抱くように寄せます。

04

05

捧《パン》式《シー》

抱式から続きます。

01　胸に抱えるようにした手をお臍かやや下まで下ろします。手のひらは上を向きます。手を下ろした際に、肘の位置が体の側面よりも後ろに行かないように注意しましょう。肩から動き始めると肘が後ろに行ってしまいます。下ろすのは手です。

02　上に向けた手を両手でお盆を持ち上げるかの様に上に捧げ上げます。基準となる高さはお臍のやや上のラインとなりますが、絶対ではありません。

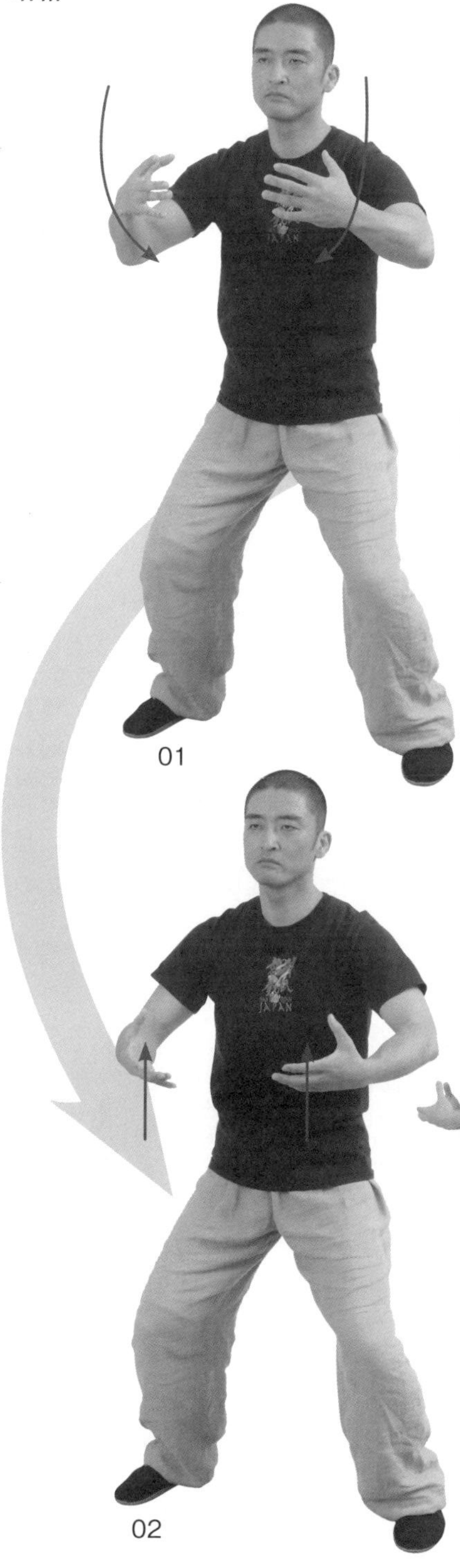

01

02

肘の位置に注意しましょう。

別角度

推式《トゥイシー》

01

02

捧式から続きます。

01　捧式から更に上に捧げるようにして抱式と同じ位置になるところまで挙げます。

02･03　手を前に出します。手を出したことにより体の高さも相対的に変化し、指先の高さが眉毛の高さとなります。

03

別角度

按式《アンシー》

01

02

推式から続きます。

01-03　推式の前に出した手をお臍のラインまで下に下ろします。蹲起と同様の軌跡を描きます。

捧式と同じ様に肘が体の側面より前にあることが重要です。

03

別角度

劃《ファー》式《シー》

02

01

03

按式から続きます。

01•02　按式で下ろした手を手のひらが前を向くように外に開きます。

03　開いた手を前に「抱く」感じが保てる所まで押し出します。

別角度

手を前に出します。

提式《ティーシー》

01

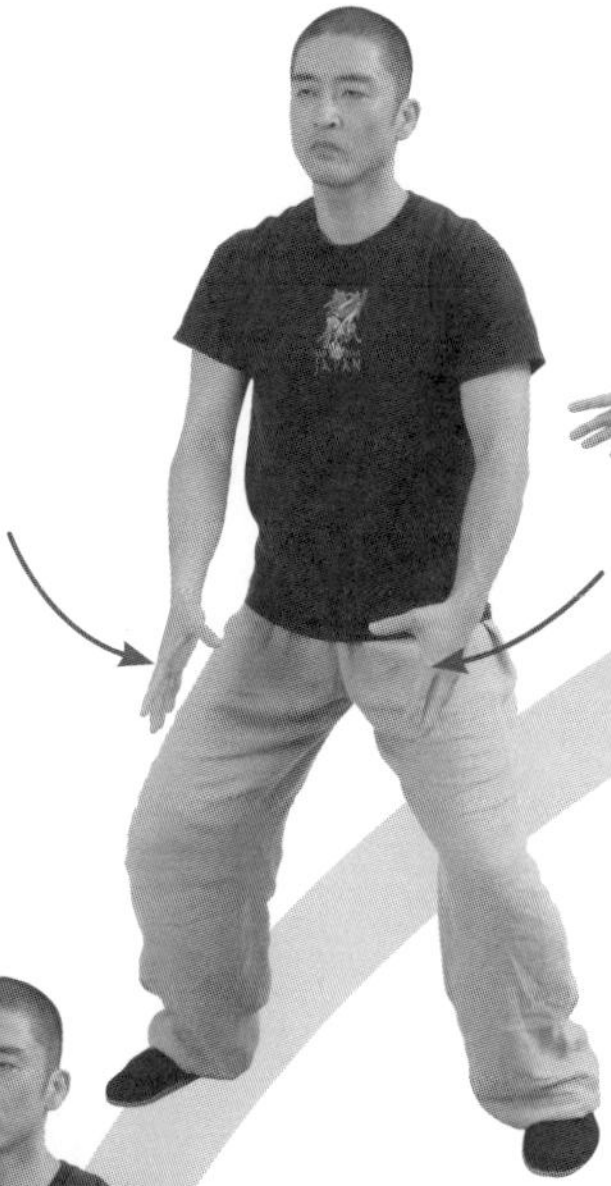

02

劃式から続きます。

01•02　劃式で開いた手を閉じるように一度下ろします。

03•04　左右の肘の先端から動き、左右に開きます。

この提式も肘の位置が重要となります。韓競辰師はこの変化を「まるで蕾が開くような感じ」と感覚表現されます。

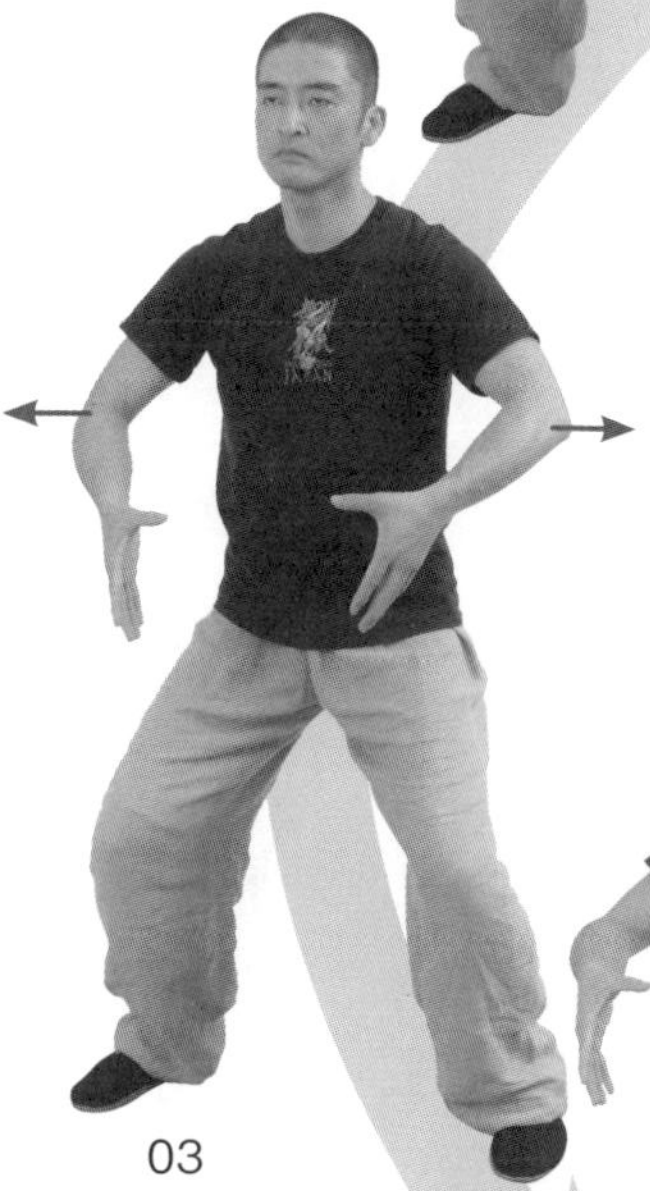

03

04

別角度

指先は下を向きます。

結束式
(ジェシューシー)

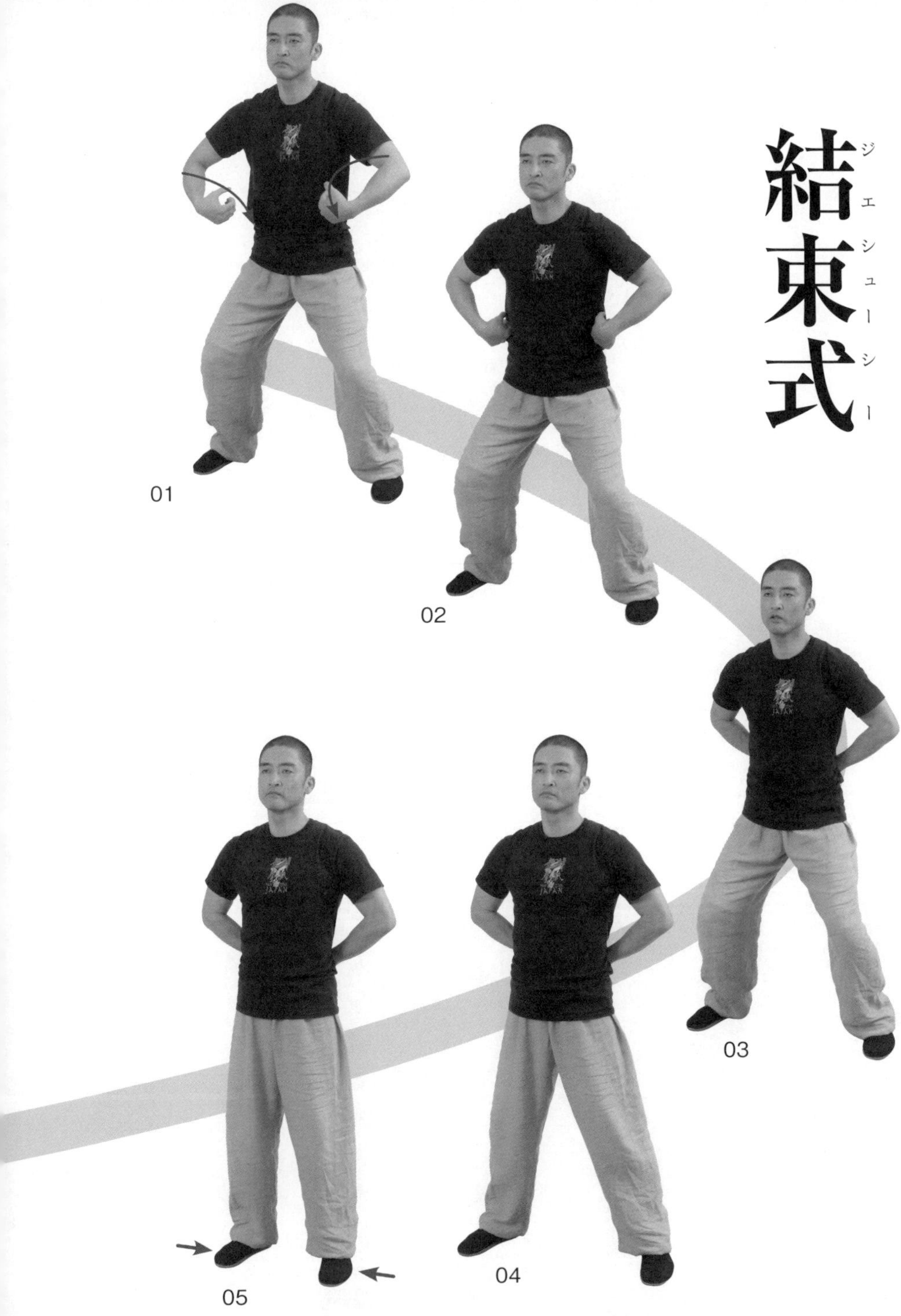

提式から続きます。

01-03　指先から動いて手を体の後方まで持っていきます。腰から腎臓のあたりに軽くつけるように。

04•05　下ろしていた腰を上げて直立近くまで上げ、足の幅を元かやや狭い程度に戻します。

06　体全体で前傾します。韓競辰師は「体の横に一枚の板が入ったような感じ」「(行うことで) 上下に伸びていくような感じ」と感覚表現されます。結束とは「最後」とか「終わり」のような意味を持ちます。

07•08　前傾したところから、体を起こして直立に戻り、後ろに回した手を下ろします。

体を前傾させます。

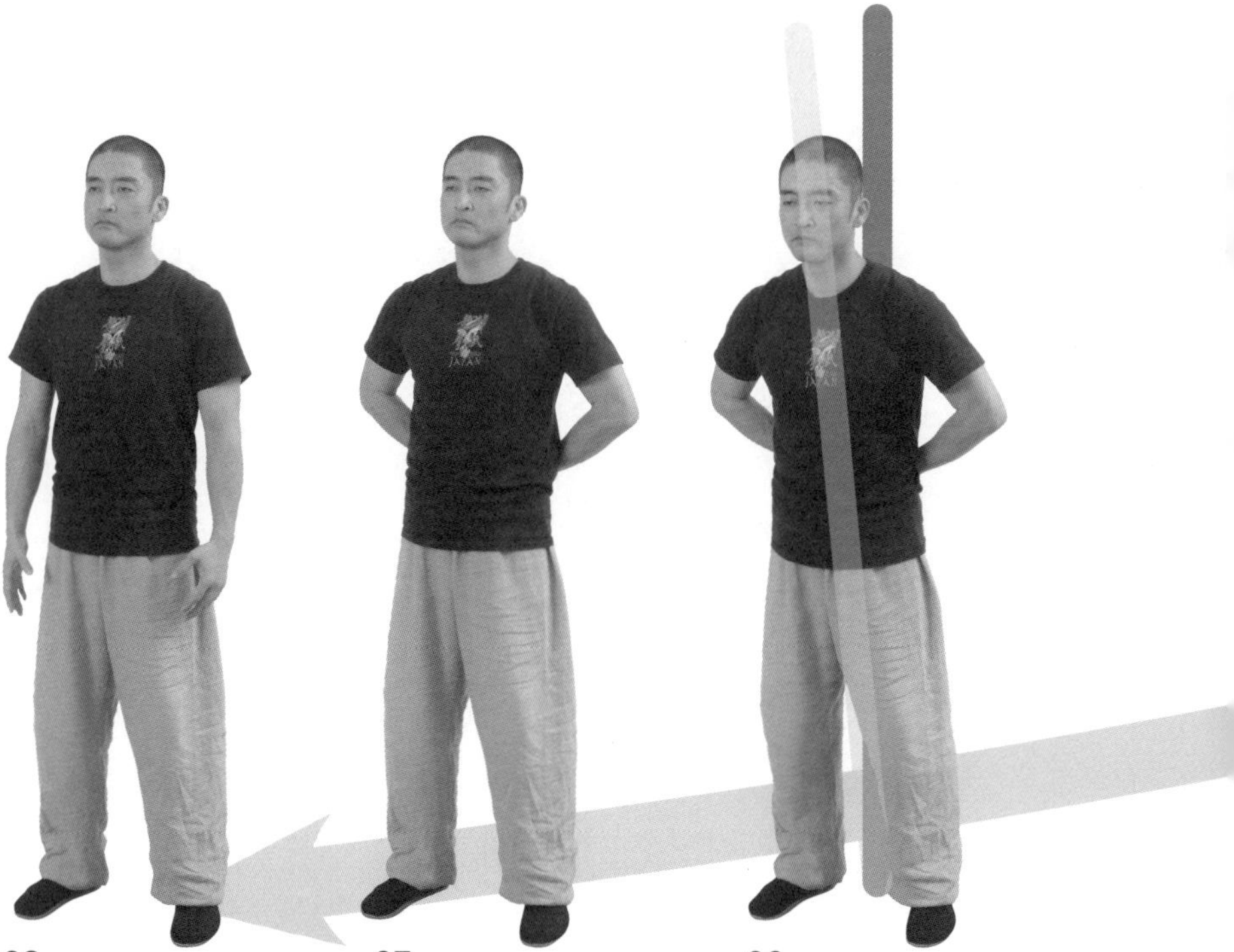

08　07　06

手を取って教えることの意味

挙式、抱式、捧式、推式、按式、劃式、提式、結束式と続け、これで一周したことになります。講習などで站椿（だけではないですが）を指導する際には、指導者が受講者の手を触れて、感覚を通してチェックしていきます。

中国語では「手で手を取って」という意味で〝手把手《ショーバーショー》〟といいます。

例えば挙式なら手を上げるところに手を添えて、抱式なら手を手前に寄せる際に手を添えてなど、指導はどこにポイントを置くかでその度ごとに変わってきますが、私は45頁のポイント②で書いた、そもそも自分が持っている〝ただ行っているだけの運動〟を余計なことをせず、ただ行うことができているかをチェックします。韓先生はこの自分を信じて行う運動を〝はじめから自己を表現する〟と言います。

この〝自分がそもそも持っている運動〟というのは、分かりやすく言えば拍手がそうです。拍手をするときに、〝手と手が当たらないかも知れないから注意して行おう〟とは考えもせず、疑うことなく〝パッ〟と「一形一意」でやるのではないかと思います。

それがここで言う「信用」です。

そもそも自分が自然にできることは、できるかどうか「信用する」「信用しない」という意識自体がないはずです。逆にちょっとでも「できるかな？」と自分を疑った時、信用できない時に、力んだり、考えたりするものです。

韓氏意拳の運動の特徴の一つは、意識的ではなく「意」に導かれた運動だというところにあります。ここは意拳においてはとても重要なポイントとなりますが、ちょっと難解なところでもあります。

またその差だけに拘ってしまうと次に進めなくなってしまいますので、本書では進めていく中で折に触れて「状態」「意」について少しずつ明らかにしていきましょう。

韓氏意拳の稽古では、実際に手を取って行います。

「運動状態」がある？ ない？

挙式を一人で練習する際には、まずは肩幅で立ったところで、いつでも歩き出せる感じの〝運動状態〟があるかを体の感覚、特にポイント③の足裏の感覚を通して観察してみてください。

そしてそのままの運動状態を保ちながら手を上げていきます。

指先が天井を向くあたりまで手を上げた所でも、観察しましょう。

挙式は手がもっとも高い位置での体についての観察となります。

この「挙式」、動作としては手を上げるだけなので簡単そうですが、実は韓氏意拳の前にそびえ立つ最初の壁です。

腰を下ろして足を開いたところを指して「抱式」と呼ぶのですが、一連の過程（プロセス）、つまり手を寄せ抱くところ、腰をおろすところ、足を開くところ、どのポイントでも〝運動状態〟を保てているかが重要になります。

そしてその全ての過程を通って「抱式」となります。

ですから初めのうちは、いきなり抱式の形をとったりせずに「挙式」から丁寧に行うと良いでしょう。

ポイントその③で挙げた「足裏の感覚」に注目し、地面との関係性に癒着がない、つまり〝運動状態〟があれば「抱式」を続けます。感覚で分からない時は実際に足が上がるかどうかを試してください。

「抱式」はその形状から構造の安定性を観察するのに最も適しています。

そのまま、「捧式」「推式」と続けても、要点は変わらず〝運動状態〟＝〝状態〟です。また要点が変わらないにしても、手の位置が高い時、ちょっと低くなってきた時、曲がっている時、などによってそれぞれに〝味わい〟が異なります。

それらを余すことなく感じる為、抱式から続けて様々な形状に変化し、全８種の站椿を行います。

站椿は不要!?

韓老師は站椿が韓氏意拳のなかで、

「もっとも重要な訓練である」

と仰います。

站椿そのものが「〝状態〟を把握し、放さない」ということを目的としているからで、それこそが韓氏意拳を貫く最大の特徴と言えます。そして動作訓練・技術訓練が目的ならば、「站椿を行う必要は一切ない」とも言い切っています。

簡単に言えば、来週の試合で使うパンチやディフェンスの技術向上目的で站椿を行っても、恐らく恩恵は殆どなく、時間の無駄になってしまうということです。

技術は技術として別に行う必要があります。

「按式を行うと、人を抑える動作が上手くなる」

「挙式を行うと人に抑えられても軽々と手が上げられるようになる」

韓氏意拳の站椿はそういった目的の練習ではありません。

その一方で、韓老師は「全ての行為は技術と言うこともできる」と解説してくださることもあり、実際、効果がないこともありません。ただそれ(効果を得ること)が〝目的化〟してしまうと、韓氏意拳の求める全体性が失われてしまいます。

仮に一つ一つを技術として捉えて上手くなったとしても、やはり韓氏意拳の求める「基本」の意味が失われてしまうことでしょう。

なぜなら相手や物に対する作用、つまり〝効いてる感〟を求めてしまうと、ついつい力こぶができるような〝やっている感〟がとても強い運動になってしまうからです。

この、〝やっている感〟を車の運転に譬えると、運動全体から見た場合ブレーキの役割

多くの場合の「やっている感」は、車のアクセルとブレーキを同時に踏んでいるような状態です。

になります。

丁度、ブレーキをかけながらアクセルを踏んでいるようなもので、「ぶーーーーーーん」「ぶぉぉおーーーーん！」と、エンジンが唸り、白煙が上がっているにも関わらず、1ミリも進んでいない状態です。

皆さんは、これが本当の車ならブレーキを解除すれば前に進むことは分かっているのですが、なぜか人や物を相手にした自分の体となると、多くの場合私たちはスムーズさより、この力強さが優先してしまいます。

しかも力強さの種類が、本来の目的である〝前に進むこと〟をどこかに置き忘れて、いつの間にか、〝ブレーキを強く踏み、いかにその場で踏ん張っているか〟を競うゲームのようになってしまうのが不思議なところであり、〝効いている感〟〝やっている感〟の恐ろしさでもあります。

語れば長い丁度良さ

こういう話をすると、

「では緩める（中国語では放松《ファンソン》と言います）ことが正解なのか」

と言う方が出てきそうですが、単純に「そうです」とは言えません。

確かに現代人は私も含めて生活のストレスなのか緊張している人が多いため、韓氏意拳の指導の際にも「あなたは力に頼りすぎている」と言われる方が多いです。それが稽古をするなかで、余計なものが取れてきたときに結果として「緊張がなくなった」ように感じることはありますが、根本的に、この「余計な緊張をしない」と「緩める」は全く違うことです。

良かれと思って〝緩める〟ことを意識的に行っても

「ブレーキを放すことなく、アクセルを緩めている」だけか、

「ブレーキは解除したけど、アクセルも離した……」だったりします。

もしくはゴムが伸びて動かないおもちゃの様に〝弛んでしまった〟もので、常に力んでいるよりは体への害は比較的少ないかもしれませんが、自然界で言えば緩むとは少なくとも〝休み〟の時のことであり、巣の中や、群れで仲間に囲まれ安全が確保された場だけで許される特別な行為で、何か突発的な危機が生じても対応できず、そのまま永遠のお休みとなりかねません。一般に言われる〝緩める〟には、そういった問題を含んだものが少なくありません。

ストレスにさらされた生活の中で縮こまり、睡眠を取っても緩むことすらままならない現代人にとって韓氏意拳は、

「緊張でもなく、弛緩でもない、活力に満ちた本来の体」

との出会いを提供する機会と言えるかもしれません。

とはいえ韓氏意拳を習い始めた当時の私は、中国武術と言えば〝リラックス〟。

「リラックス最高！」と思っていたので、

「力を入れるのも良くないが、抜くわけでもない、力み過ぎないように力をコントロール

するわけでもない、それらは全て人為《じんい》（人がわざと行うこと）的で自然ではありません」

という韓老師の話を聞いても、当初はちんぷんかんぷんなのでした。

いまになって分かるのは、〝やっている感〟があればあるほど、運動としては固定し鈍くなり、〝やっている感〟がないほど、自由で動けるということです。

この〝やっている感〟が強ければ強いほど、失ってしまうもの、それが私たちがそこにいるだけで持っている力・質量＝体重です。

私の体重は約65キロですが、言うまでもなく自分の体ですので、この質量を意のままに、特に「動かしてやろう！」と思うこともなく運ぶ（歩く）ことができます。そのくらいの力は（特別な事情がない限り）私たちは鍛えなくてもすでに持っているのです。

ところが腕力だけで65キロのモノをなかなか〝ひょい〟とは持ち上げられません。筋力トレーニングなどをすれば、持ち上げられるようにはなるかもしれませんが、自分の体を動かすのにそれでは大変ですよね。ですが、いざ相手や物に対すると、〝やっている感〟を求めるあまり、自分の体を固定して使ってしまい、結局、相手はもちろん自分の質量も敵にしてしまっているのです。

この感覚の逆転現象は、「体全体の力」が働いている間は実感がなく、「部分の力」が働いている間は強い実感があることから起きます。

この実感＝〝やっている感〟が生む、〝体の癖〟を治すのはかなり根気の要るところです。

その為には一度、人・物への作用はもちろん、「なにかをする」という目的意識を忘れてみることをお勧めします。

長くなりましたが、そういった〝やっている感〟を作らない為に、韓氏意拳の站椿には一つ一つに、

「この動作にはこのような用法がある」

といった解説が一切ありません。

武術愛好家の方には、用法の解説がないことはすこし寂しいことかも知れません。

「これを覚えてもなんにも役に立たないのか？」

「かっこよく相手を倒す技が知りたいのに！」

口に出さないまでも心の中でそんなことを考えるかも知れません。

……と他人事みたいに書いていますが、私自身がその「寂しさ」に負けて、韓先生が「そういったものはない！」と力説し、熱心に説いていてくれたにも関わらず、何年間も耳のそばを通り過ぎるだけでちゃんと理解せず、站樁の中に「用法」を求めて、拙力（断片的な緊張動作）に頼る習慣から抜け出せませんでした。

頭の中で「用法」や「動作」に関する注目が多すぎると、韓氏意拳が求める「体験から教えてもらう学習」がスタートすることはありません。

そのことを私自身、10年もかかってようやく無駄なことだと気が付き始めました。なるべくならこれから学習する人には同じ轍を踏んで欲しくはないと願ってこの文章を書いているわけですが、踏んだ時にこそなぜこんな文章を書いたのかをお分かり頂けるのかもしれません。

自然な〝状態〟＝警戒心を取り戻す！

意拳には「換勁《ファンジン》（かんけい）」という言葉があります。

「換勁」とは、力を増すことでもなく、、なにか不思議な力を手に入れることでもなく、

「断片的な緊張を力だと認識しているところから、〝全体の運動（整体）こそ力だ〟と認識することへ換えていくこと」を言います。つまり「なにを以て〝力〟とするかに対する認識を根本から換える」ということです。

多くの学習者にとってこの部分はとても時間が掛かるところで、少し練習しただけでなんとかできることではないかも知れません。

ですが、どうか諦めないでください。

これは恐らくは皆さんが今まで経験したことの無いことなので、一筋縄でいかないのが当たり前なのです。

中国の『老子』という書物にこんなことが書いてあります。

「道常無為、而無不為。侯王若能守之、萬物将自化。化而欲作、吾将鎮之以無名之樸。無名之樸、夫亦将無欲。不欲以静、天下将自定」

（『老子』第三十七章）

【駒井意訳】

道というのは常にあれやこれと作為的にすることはないが、
だからこそ過不足無く行われる。
余計なことさえしなければ、全てみな自ずからなんとかなる。
余計なことをしたくなったら、それに気付き素朴さを以てそれを鎮めよう。
あーしたい、こーしたいを鎮めてみれば、天下みな自ずから安定する。

えー、ハイ、「難しそうだ」と言わないでください。『老子』のような古典を引用するとそれっぽくなるかなと思いまして……、ちょっとやってみたかったんです（笑）。

何が言いたいかというと、だいたい私たちが学んできたこと、やりたいことは、ココにおける「余計なこと」（欲作）だったりするということです。

「このようなイメージを持って行いなさい」
「このような意識を持って行うと効果が上がる」
「この動作にはこういう意味がある」

などなど、人為無きを無為《むい》とするのなら残念ながら、これらはわざわざ自然からは遠ざかる行為といえるでしょう。

技術・技能訓練や精神操作訓練としてはとても良いかもしれませんし、社会の中では有効で役に立つ方法かもしれません。時には生徒を導く際の方便として語られることはあるかも知れません。

または先生が感じた身体言語を詩のように語る時、それがあたかも〝イメージ〟のように聞こえるかもしれません。

いわゆる「龍の様に」「火の様に」「猫の様に」などがそれです。ですがこれも個人に属するもので、なにかの行為を行った時に「なるほど！　確かに龍の様な感じと言われればそのような感じがする」と感覚を共有できれば良いのですが、アリもしない感覚を作ってしまうことに意味はありません。

最悪なのが龍を思わせる様に動いたりすることで、ただの残念な形態模写になってしまいますので最も注意が必要です。

韓氏意拳では〝状態〟に入る際に「警戒心」を持つことが語られます。

これもちょっと聞いただけでは〝イメージ〟のようにも聞こえます。ですが実際に自然な環境に放り込まれれば、自然に警戒心を持たざるを得なくなります。

ここでいう自然な環境とは「空気がきれいで、水が美味しい」というような、ＣＭに登場するような概念化された自然ではなく、食べ物を確保するのも命がけで、それどころか私たち自身が食べられるような環境のことを言っています。

そこでは「警戒心」は自然発生する「本来」の現象なのです。

国、壁、家、人間関係によって守られた安全（だと思い定めている）環境の中で練習する時には、つい警戒心を失くしてしまいます。しかし思い定めているだけで、嫌な例えですが時折テレビのニュースで見るような、民家に車が飛び込んでくる事故を思い出せば、本当はどこにいても、

「この先なにが起きるかはまだ誰も知らない」

ことに思い至るはずです。

ここに立ち戻って、未知への警戒心を忘れずに「リアルに行いましょう」ということであります。

この自然界で生きるうえで、常に持っていなければいけない警戒心を持つことが、私たちを運動状態＝状態へと導いてくれるのです。

韓老師は講習中に、

「このことを理解したいのならば、TVでも何でも良いので自然界の映像、特に猫科の動物や蛇が獲物を捕らえる様子を見てみてください。

身近な所で言えば、野良猫にそっと近づいて彼らの様子をよく観察してみましょう。おそらくあなたが近づくと常に状態がある彼らは、(もともとある運動状態から)即状態の密度を高めます。そしてさらに近づけば〝フーッ〟などと威嚇してくるか、〝ピュッ〟と逃げ出すでしょう。こういう様を観察することで状態とは何かを知る手がかりになるでしょう」

と語られます。

「ちなみに懐き過ぎた飼い猫は、〝状態がない〟という点では私たち人間と変わらないので参考にならないのです(笑)」とも仰いました(笑)。

それらを理解できれば韓氏意拳における無為とは、

「なにも為さ無い」や

「アレやコレの為の何か」ではなく、生きていくのに毎日毎時毎分毎秒、常に試されるような環境の中で、生きようとする働きを尽くすことであり、シンプルに「十分に生き抜くこと」と言い換えることができるでしょう。

はじめの一歩は信じて出す

ちょっと話が長くなりましたが、つまり「余計なこと」を站椿に持ち込んでいる間は韓氏意拳の站椿は始まりません。

でも「余計なこと」を止めるだけなら簡単そうに聞こえますが、これが非常に厄介なのです。

人によっては、「いや私なんかはもう無理」「私には向いていない」「（韓氏意拳は）嘘に違いない」などとつい口にしたくなるほど猛烈に、超絶に、それはもう大変なところです。

私も「余計なことを止めようとすること自体が作為である」なんて言われて、「ぎゃー」

とばかりに思考回路はショート寸前でした。

ただ改めて自分の経験を振り返ると「はじめの一歩」くらいは何年もかけなくても良いとは思います。

私なりに自得した学習のコツは、

学習を進めるにあたっては、まず師の言動を信じてやってみる。

これが結構大事です。分からなくってもそのようにやってみる。

私自身、韓先生に挙式を初めて教わる際に「ただ行うだけ」だということが分からずに、触れて頂いた韓先生の手を必死にあれこれと体の内部感覚を探りながら「押さえられた手を押さないように」とか「肩甲骨を下げながら」「小指側を意識して」などと、それまで習い覚えたテクニックを駆使してその場をクリアしようと思いましたが、その場で先生から、

「NO、挙式で行う手を上げる過程においては故意に行う必要はありません」

と否定されました。

その時は全て否定されてしまって、何が故意で何が故意でないのかもすっかり分からなくなって、

〝もう分からん！〟

と半ば混乱して〝御手上げ〟という意味で頭を抱えると、手を触れていた韓先生が、

「そう、それだ！」

と初めてＯＫをもらいました（笑）。

この時、ＯＫをもらえたのですから、その言葉を信じてその後も行えば良かったのでしょうが、その〝ただ上げただけ感〟を信じることができずに、その後も〝テクニック〟と〝断片的な緊張の調整〟を繰り返して悩み続け、結局随分遠回りをすることになりました。

「刑事の仕事はまず疑うことだ」などと言いますが、師の言動はまず信じることをおススメしておきます。

それから随分経った２０１４年の秋に韓先生が来日された際のある食事の席で、

「韓氏意拳の指導者にとって一番の喜びは、生徒の認識が変わり、運動に変化が現れる場に立ち会うことにあります」

と聞かせて頂きました。

指導者としてのお話をしてくださったのだと思いますが、私の耳には一学習者として響き、韓先生の目の前で、改めて「うーん」だ「？？？！？」だと苦悩するばかりのわが身の情けなさが身に染みました。

10年変わらない熱のこもった指導に対し、少しでも報いていけたらと思います。

遊び稽古02

「時間差足上げ」(一重)

状態があるかどうかを試すのに有効な手段として、実際に足を上げてみる、という検証方法を韓氏意拳では行います。しかし足を持ち上げるのには、両足を持ち上げている感覚で片足を上げる運動と、片足に体重を預けて片足を上げる運動が存在します。

韓氏意拳では前者の「両足」を行うのですが、その違いが分かりにくく、動いてしまうことでかえって状態を散らしてしまうことも多くみられます。そこで、この上がるということを検証する為のエクササイズを考えました。

1 右足を上げる。

2 右足を上げながら、左足も持ち上げる。ポイントは左足で上方へジャンプするのでも、膝を抜いて下方に沈むわけでもないというところにあります。

3 左足、右足と降りる。

上手くいった場合は、頭の位置があまり上下しません。無論全く上下しないというわけでもないので、比較的ということになります。一人で行っても分かりにくい場合は映像を撮って確認してみましょう。

左足で飛び上がって
しまった場合。

右足を持ち上げて立つ。パートナーは頭上に手を置きます。

左膝を抜いて落ちて
しまった場合。

左足も地面より持ち上げます。

うまくまとまれば、頭上の手に当たりません。

第2章のまとめ

站椿を始める際に一番重要なことは、

「運動状態に入る」

ことです。

そして、これは「どのようにして使うのか？」という、なんでも「使用法化」してしまう現代人が陥りやすい思考の罠を排除して、「（時間の経過と共に）体に何が発生しているのか？なにを感じているのか？」という視点を積極的に持ち、観察することにあります。

やってみないことには「なんじゃそりゃ？」という話ですが、とにかく、次章に進む前にちょっとずつでも立ってみましょう!!　もし状態があるのか分からない時は、第1章で紹介した蹲起を沢山行ってください！

第3章

〝試力〟

最重要で最困難な〝試力〟

第3章は試力《シーリー》（しりょく）です。

試力は第2章の站樁で解説した〝状態〟を掴むから、さらに今度はその〝状態〟を掴んだまま如何に離すことなく運動し続けることができるのかを試みる段階といえます。

動作としてはとてもシンプルです。

手を前後に、手を上下に、左右に、開いて前後に。

とこれだけです。

シンプル過ぎて戸惑う人が続出ですが、とても大切な練習段階なのです。

意拳の創始者である王薌斎先師は試力を、

「力は試してこそ知ることができる（習拳一得・拳道中枢など）」

と解説し、

「拳のなかで最も重要であり、最も困難な部分である」

とも仰ったそうです。

　また、韓星橋先師は、

「意拳とは全てが試力であるとも言える」

と仰っていたそうです。

それにしても〝最も重要で困難であるが、全て〟とはなんでしょう?

私なりに韓氏意拳を解説することで、その〝謎〟を〝駒井式〟で解き明かしてみたいと思います。

　韓氏意拳の試力とはなにをもって試力と言うのか？　を解説していきますが、重要な練習法ですのでやや長めになります。読み飛ばして実際に行って、後から読むのもＯＫです！

試力〝3つのポイント〟

①本当にいつでも動けるのかを試そう！

韓氏意拳の試力は、「相手を打ち倒す力の出し方」ではなく、「動いている間も、いつでも動くことができるのか？　動きながらもいつ相手とぶつかったとしても安定した構造を保っているか？」を検証します。

站椿では、安定した構造が保てているかを手の位置関係が定まったところで見ていきましたが、闘争の実際の場面では自分も相手も止まっているわけではありません。

獲物を捕らえるにしろ、捕らわれないようにするにしろ、動いていなければなりませんね。このような時、動くことにより自分と相手の距離がだんだんと近づいてきますと、じわりじわりと緊迫感が高まります。

その距離がさらに縮まって、もう手を伸ばせば触れ合う！というような瞬間、緊迫感はいよいよ高まります。

緊迫感が高まると、その圧力から私たちは自然に韓氏意拳でいうところの〝状態〟に進入しますが、むやみやたらと動いてしまうと、せっかくの〝状態〟が壊れてしまいます。その原因の代表的なものが、〝筋肉の部分緊張〟です
危機に対して動かないという選択は取れませんが、自分が動いてしまった結果、次々と変化する状況に対応できなくなるのもまた歓迎できません。

しかし動く前に何が安定かということについて、もう少し見直していきましょう。

基本的には站樁のおさらいです。

遊び稽古03「構造のチェック」

1 抱式の形を作ります。
2 パートナーは抱式の肘を上から垂直方向に押さえる。
3 押さえられても形が崩れないことを第一にチェック。
4 第二に押さえられても足が上がる感覚をキープできるかをチェック。
5 パートナーの圧力具合によって、必要な状態は異なります。その変化も体験してみましょう。

腰が前に出過ぎているため、押さえられると動けず崩れてしまう。

今度は、

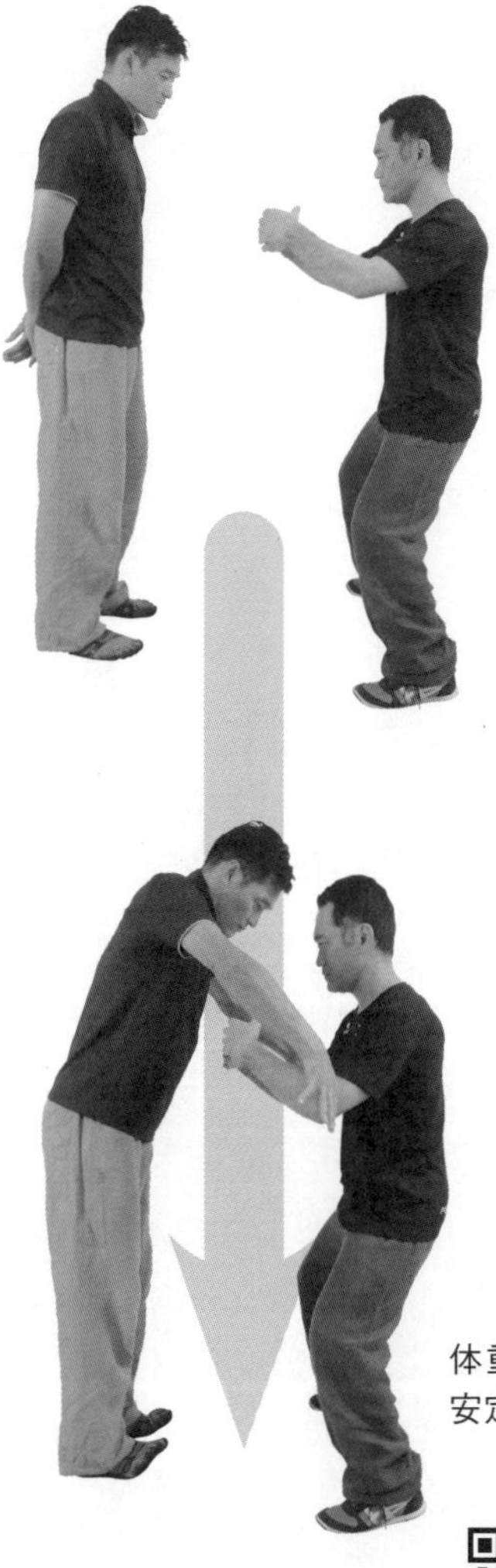

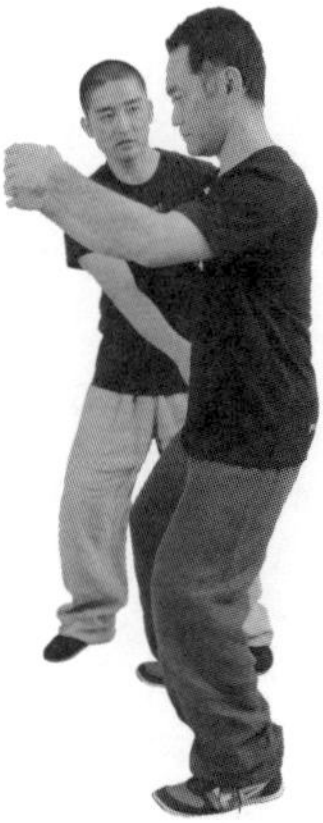

腰を椅子に座るような感覚にする。

体重を掛けられても安定している！

腰が引けているため、押さえられると潰されてしまう。

実際に試してみると、肘や腰、膝のポジションが悪いと腕や腰にかかる負担が増大することが体験できると思います。この垂直方向への関係性の不備による一部に負担がかかった姿勢から動こうと思えば、相手がいる場合は水平方向へ寄りかかることになります。

こういった依存した動けない状態は、自分の行動の舵を相手に渡してしまうようなもので大変危険です。

これは王先師が、

「力不出尖（力は尖り出ず）」
「圓満《えんまん》（調和の取れた様子）」

と解説される部分と関連があるのではないかと思います。

私自身はこれを、〝自立していない甘えん坊〟と呼んでいます。

この〝依存して動けない状態〟を練習で見ていくことによって甘えを少しずつなくし、自立を目指していきます。

ただしこの遊びは、押さえられても動けるようになることを目的とするものではありませんので、押さえるといっても、軽く抵抗する位の感覚で協力してあげましょう。

動くほうが、無理やり動くと体が泳いでしまい、そこに問題があることが理解できればそれで充分です。そして、そうした何かに依存して、〝一方向〟にしか動けないように体を使ってしまった時、私たちの体のバランスは思っている以上に崩れていて、構造的な安定性を失っています。

この構造の安定性は、衝撃を受けた時に倒れないということだけではなく、私たちの体重を相手に伝える、つまりは攻撃の際に重要な役割を果たします。

仮に拳による打撃という行為に限定したとして、動きが必要です。

しかし動くことそれ自体で、バランスを失ってしまっては、相手と接触できたとしても、相手には自分の伝えたいもの＝〝体重とその移動によって生まれたエネルギー〟が伝わりません。

いつ起こるのか分からない接触に備え、常に構造の安定性を保ったまま動き続けることができるのか？が重要なポイントになってきます。

歩法や拳法など後の練習では、実際に移動も伴いながら、そうした要素を見ていくのですが、試力の段階では、足は参加させず、手の上下前後左右の動きに限定して、その動きの中で体全体を見ていきます。

足を参加させないのは、移動していなくても把握することが難しいのに、移動しながらではなにが大切なのかを理解するのも難しい為です。

大事なことは、ここでいうバランスもまた站椿で学んだのと同じく、止まるためのバランスではなく、動くためのバランス、つまり〝状態〟なのです。

②ゆっくり行う　標準行為と典型行為

試力は「速く行うよりも、ゆっくり行うほうが良い」と言われます。

あるときこんな問答がありました。

韓老師「なぜ韓氏意拳の試力においてゆっくりの方が良いのでしょうか？　駒井さんは分かりますか？」

駒井「それは、正しい動作を行う為です」

韓老師「違います。その他にはありますか？」

駒井「それでは正しい姿勢で行えているのかチェックする為です」

韓老師「それも違います。他には?」

駒井「?????」

韓老師「一般的には、駒井さんが言った様に、動作や姿勢などを行う前から正しいものがあり、それと同じようにできているかを確かめることを重視します。それを標準行為と言います。しかし本当に物事を行う前に正しいなどということを誰が知ることができるのでしょうか? もし仮にあったとしても、できているかいないかの確認作業を繰り返しても、それは〝同じ行為を繰り返した〟だけで、新しい発見はどこにもありません」

駒井「???(だとしても、じゃあなんの為に動くのかな?)」

韓老師「韓氏意拳において行う具体的な運動は全て〝典型行為〟と言えます」

駒井「典型行為? なんですか、それは?」

韓老師「典型行為とは、私たち自身の運動によって、私たち自身がどうなっているのかを提示しそれを知る為に行うことをいいます。ですので、そこに〝こうしなければならない〟、〝こうしていると正しい〟などの〝行う前の標準〟というような人為的なものは一切必要ありません。むしろそれは弊害と言ってもいいものです」

駒井「???」

はい、よく分かりませんでした。

〝標準行為〟と〝典型行為〟の違い

通常は動作を行う前にまず自分の姿勢を確認して、姿勢を正すとか、股関節をうまく使うことを意識したくなりますね。「胸をへこませよう」や「肩は上げないように」などもそうです。

それはそれで良く、肩が上がって良い訳ではないので、そういう学習方法は普通に〝標準的〟に世の中では行われていますが、「韓氏意拳はそうではない」のです。

そうした同じ動きを反復させることで習熟して動作の精度を上げるのではなく、「動きのなかに今どのような感じがあるのか」を、感受するために〝行為〟があるのです。

この話も少々複雑ですが、楽しさという方面から理解するとよく分かるのではないかと思います。

唐突ですが、想像してください。

あなたは森の中を散策しています。途中様々な物事に出会います。

「あの花はきれいだな、こっちの花もきれいだな」

「この花とこの花はどう違うのだろうか？」

「おや、あの鳥はなんという名の鳥だろう？　鳴き声も素晴らしい。尾の羽の色は特別な感じがするな」

「耳を澄ましていたら川のせせらぎが聞こえてきたぞ、今度はあっちへ行ってみよう！」

……など、何かへの関心を持ったとしたら、その関心、興味があなたの歩く速度を自然に緩めます。その過程を「楽しむ」と呼んで差し支えないと思いますが、この〝楽しむ過程〟を私が私自身に提供することを〝典型行為〟と呼びます。

もし何にも関心を注がずに、まるで目を瞑るように森を歩き続けたのなら、それはもう森である必要もなく、速かろうがゆっくりだろうが、カロリーと時間を浪費するだけの虚しい過程となるでしょう。

〝標準行為〟を例えるならば、

「花があったかYES／NO」

「鳥がいたかYES／NO」

「川があったかYES／NO」

と、まるでマークシートをチェックするかのような行為となるでしょうか。

少し変わった譬え話でしたが、動作をゆっくりにすること自体は楽しむ方法ではないことが、分かってもらえたでしょうか。

よいこちゃんネイチャー風な解説に敷居の高さを感じる人は、前から異性だろうと同性だろうとどちらでも構わないので、好みの人が歩いてきた際のことを思い出してください。そんな時、

〝ちょっとゆっくり歩きませんでしたか？〟

ということです。

繰り返しになりますが、ただ単にゆっくり行うのではなく、興味を持った結果としてのゆっくりが大事なのです。

なにに興味をもつか？

これまた〝状態〟なのです。

全ての運動は一度きり？

標準行為と典型行為はちょっと耳慣れない言葉だと思いますので、もうひとつ別の角

度から説明しておきましょう。
ここで言う〝標準行為〟とは、同じことを繰り返し行うことで熟練し、精度を上げる方法論のことを言います。

一方、韓氏意拳でとられる〝典型行為〟は、

「全ての運動は一度限りであり、くり返しはない」

と捉え、その一度限りの運動を味わい動く。その結果、〝ゆっくり動いている〟というわけです。
そして〝この何を味わうのか？〟という興味の対象が、韓氏意拳でお馴染みのキーワード〝状態〟というわけです。
このような問答が韓氏意拳の教学では高い頻度で行われます。

「なんだよ、ちっとも〝やさしく〟ないじゃないか！」

とお怒りの声が聞こえてきそうですが、ここはちょっとだけ気を長くしてお付き合いいく

ださい。なぜならこの部分こそが韓氏意拳を理解するうえでとても大切なところだからです。

どこが大切かというと、「どう行うか」ではなく、

「私たちはなにを行っているのか」

を理解するところです。

そうしたことがあり、韓氏意拳の講座では、実際に体を動かすのと同じくらいの時間を講義にかけているわけです。しかし話を聞いたり、こうして読んでいても取り組まなければ何も得られません。一人で良い練習を沢山行いましょう。

③站樁の更に先へ「常に」「同歩」

さて、ここまで〝状態〟の重要性をしつこいほどくり返し語っていますが、〝試力〟ではさらに動きのなかで〝状態〟があり続けているかを見ていきます。

韓氏意拳ではこの〝状態〟があり続けることを〝常態〟と呼びます。

この〝常〟を語るときに韓競辰老師は野生動物を例に出して、

「彼らは常に危険と隣り合わせの環境に生まれ、危険への警戒心から〝状態〟に自然に進入します。そして以後、環境が変わらないのならば、行站（住）坐臥※、死ぬまで〝状態〟から離れません。それが本来の〝常〟です」

（※中国では行住坐臥を行站坐臥とも書くようです。意味は同じで、歩いても、立っても、座っても、寝ても、いつでもの意）

と仰しゃいます。

個々の動作をどのように行うか？

ではなく、

どのような動作を行っても状態が〝常〟にあるかどうか？

に関心を注ぎ、そのとき自分の体はどのようになっているのかを観察します。

（さらに言えば、それが非常事態における状態〝非常態〟につながってくるのですが、それは別に触れたいと思います）

状態があると運動中の上下、前後、左右など手の向かう方向によって体全体、特に手の運動と関係ないと思っていたような場所に変化が起こります。

これを観察し、味わうのはとても楽しいことです。運動自体を楽しむと言っていいかも知れません。

ほとんどの場合、私たちは、

「この運動をすると、試合に役立つから」

「この運動をすると、痩せるから」

「この運動をすると、先生に褒められるから」

と、なにかの為に、なにかを目的として体を動かしています。

運動自体に楽しみを覚えると、こうした運動への取り組み方が、運動を苦行にさせていたということに気づかされます。その努力と汗は尊いものではありますし、効果がない訳ではないのでそこがスタートで没問題（問題ない）ですが、方向性として更にその先があるといいのではないかと思います。

実際に韓老師が運動をしている姿を見ると、とても楽しそうなのです。

私はそれが羨ましくて、苦虫を噛み潰した様な表情で練習したものです（笑）。

同歩《ドウホ》、カラダの〝コツ〟と頭の〝コツ〟

さて実際に体を動かす〝試力〟のなかでの〝状態〟とは、やはり運動状態のことを指します。これは体の様々な働き＝能力が上手く集まり連動して働いている〝状態〟とも言えます。

つまり〝試力〟は文字通り体の「働き＝能力」を試しているのです。

この体の働きが集まり一つになって、互いに関係を持ちつつ同時に働いている現象を、〝同歩〟と呼びます。そして、この様々な働きと働きが同時に絡み合って一つになるとき、三角・螺旋・槓杆《テコ》・輪軸・滑車・斜面などの力を発揮してくれます。

ただし、こうした力を〝あ、分かった！　こうやればいいんだな〟と意識的に動きの方法化をしてわざと行おうとすると、肝心要の〝同歩性〟がなくなってしまい、王先師の言うところの、

「有形則力散（頭の中に動きの形があると、力は拡散している）」（意訳・駒井）

となってしまいます。

ですから頭で考えて行うのではなく、体に任せ（無形）、運動中に生まれるいろいろな感覚を味わうなかでそうした〝力〟に出会い、知ること、認めることが韓氏意拳に取り組む際のもっとも大事な行いであり〝コツ〟なのです。

〝私の体の働きには未知の発見がありますが、私がもう頭で分かってやる程度の動きには未知はない‼〟

ということです。

とはいえ、実際に練習する段階に入ると、この〝動きの分かった化〟が横行し、いくら頭で頭をなだめすかしても働くのをやめてくれません。

「働かなくてもいいなんて、素晴らしいじゃないか！」と思うのですが、頭さんは真面目なのか、手持ち無沙汰で不安になるのか、ただの出しゃばりなのか分かりませんが、これがなかなか休んでくれません。

ある時、中国で韓老師と一緒に昼食の席で強めのお酒を飲んでから、ややフラフラしながら練習する機会がありました。（お勧めしません!!）

「お、いいぞ！　なんだ、駒井はお酒を飲んで練習したほうがいいぞ」

と半分冗談、半分本気で言われたことがありました。

一瞬、韓氏〝酔〟拳もやむなしと決意しかけましたが、いくら映画『酔拳』が大好きだとしても、『酔拳2』香港公開バージョン・エンディングのジャッキー・チェンのようなアルコール依存症になるのも嫌なので、お酒の力に頼らず体と頭も同歩できるよう探り続けています。

〝試力〟をやってみよう

試力は、前後試力、上下試力、左右試力、外展試力の合わせて4種となります。ゆっくり、じっくり、しっかりと着実に体を見る習慣も養いましょう。

見ることも形→動き→感覚と、見えることから感じることしかできないことまで様々ありますが、まずはある程度形から整えていきます。

それでは実際に〝試力〟にトライしてみましょう。

前《チェン》後《ホン》試《シー》力《リー》

01　　足は肩幅で少し腰を下ろします。
02-06　手を胸の前で前後させます。

基本的に指先は前を向きます。
押す、引くが分かれないように行いましょう。

上下試力《シャンシャーシーリー》

01　足は肩幅で少し腰を下ろします。
02-06　手を上下に動かします。

上は指先が眉毛の高さ、下は臍の辺りまで。基本的に指先は前を向きます。軌跡は蹲起や前跪、按式と同様です。

左《ゾウ》右《ヨー》試《シー》力《リー》

01　　足は肩幅で少し腰を下ろします。
02-07　手を胸の高さで左右に動かします。

体に偏りが生まれる中に、運動が偏らず、窮屈にならない範囲を感じられるか？
最大の範囲で行って、自然と反対側へ帰る。
手を振る際の軌跡は、形体訓練の横向（34頁）が参考になります。
左へ向かう際は右から、右へ向かう際は左から。韓老師曰く「投網を打つように」。

外《ワイ》展《ジャン》試《シー》力《リー》

01　足は肩幅で少し腰を下ろします。手を外に開き、手のひらは前に向けます。

02-04　手を両サイドで前後に動かします。

体全体とのつながりを感じるか？
抱の感覚が継続しているか？
の二点に注目しましょう。

以上４種類で終了です。

〝試力〟全体について一言加えるなら、

・前後を押すと引く。

・上下を押さえると押し上げる。

を分けて行わないことです。

例を挙げましょう。

一番良いのはバスケットボールでドリブルをする時です。

ボールを弾ませる手は自然にボールの動きにつれて上下に動いていますが、この時いちいち意識して手を上下に動かしてはいないはずです。

もし手元にボールがあったら試してみてください、無意識では自然にできていることが、意識した途端にぎこちなくなるはずです。

同じように、バイバイと手を振る時の手は自然に左右に動きますが、ある範囲で自然に反復しているのみで、ここから左へ、ここで右へと意識して動かそうとしているわけではなく、もしそのようにすれば途端に動きがぎこちなくなります。

「バイバイ」は左右↔と一繋がりの動作であって、左←と右→と途切れた動きではありません。

そして、ここが一番重要なのですが、例として挙げた手（上肢）が動くときに、〝状態〟がある・ないの最も大きな違いはどこにあるのでしょう？

〝状態〟とは、全身が移動することに対して一致協力している状態とも言い換えられます（韓氏意拳では主に上下方向のまとまりを〝提携《ティーシェ》〟（ていけい）と呼んでいます）。

この全身が、移動に向けて一致協力して運動しているとき、上肢の動きに随って、下肢にも自然に変化が見られます。

動きの大きさという面から見ればとても僅かな変化ですが、感覚的には〝状態〟がある時とない時では全く違う印象を得るでしょう。それは例に挙げた、ドリブルの時に自然な手で行うのと、意識して〝弾ませよう〟とした時との違いと同じで、外からではその差は分からなくても、本人にとっては全然別物なわけです。

行いはドリブル運動のように、自然にのびのびと、注目は動きではなく、関連変化する場所に、

〝状態があるのか？　同歩性が発揮されているのか？〟と体に問いかけること自体が、〝状態〟を保ちながら〝動く〟ことへの一歩となるのです！

最も重要で困難であるが、全て

意拳における試力が、〝最も重要で困難であるが、全て〟とは、今回の試力の説明を踏まえて、一体どういうことなのでしょう。

拳を学ぶ上で最も重要なことは力を得ることにあります。

力を得ようとする人は、それを試し、知らなくてはなりませんが、そのプロセスで必ず巨大な敵が現れます。それが、

〝力感〟

です。

意拳では王先師の時代から「不要力」「力不出尖」「破体」「拙力」などと様々な角度から力感を伴う運動を戒めていますが、当時から本当に理解して実践するのがとても困難なことだからこその戒めだったのだと想像することができます。

実際に、物事が発生していない〝でき事がない〟場面、平たく言えば〝相手がいない状態〟でなら力感を伴わない運動は比較的容易ですが、強力な相手がいる〝でき事がある〟の場面ではとたんに難しくなります。ただでさえ難しいのに、これが武術的な生き残りを賭けるような場面であれば、困難度はマックスになるでしょう。

かといって、力感がないだけの〝無力〟では元も子もありません。

また、幸運（!?）にも、稽古をしているうちに、何かしらの力が発動し、それを感じたとしてもそこからがまた困難です。

何故か？

〝さっきの上手くいった感じでやろう〟

とすると、途端に上手くいかなくなるからです。

これは考えてみれば当たり前で、さっき上手くいったのは、

〝さっき上手くいったようにやろう〟と思わないでやったからこその発動だったからです。

こうしたことが頭で分かっていても、この〝うまくいった感覚〟から逃れるのは困難です。

とはいえ、ただ、「力を試す」と言われれば力みが生まれるのも常。

この問題を解決するために韓競辰老師は「試力の〝力〟は筋力（力量）のことではなく、能力を試すと理解してください。この能力とは学んで得るものではなく、本来ヒトが持っている能力であるから本能力ともいえます」と言語の面においても現代的に分かりやすく提示してくださいました。

そしてこの能力を試す為の行いが典型行為で、韓氏意拳の行いは手を動かそうと足を動かそうと、その全てが典型行為。

試力＝典型行為＝意拳・韓氏意拳

となります。

解説がやや長くなりましたが、それだけ典型行為は韓氏意拳の学習中において、理解するべき重要な要素となります。私なりの精一杯の表現となりましたが「やさしい」かどうかやや不安もありです。駒井式も併せて少しでも参考になれば幸いです。

遊び稽古04 投網を打とう!

「外側から始まる運動」です。

左右試力の感覚を韓競辰老師は「投網を打つように」と例えています。

その感覚を掴む遊びを紹介します。

1 左右試力を始めるように両手を体の前か、左(右)に構える。

2 パートナーは進行方向を邪魔するように手を添える。

3 パートナーの手とは関係なく投網を打つように右手側から動くようにする。手は肩幅から変わらない。

両手を胸の前に出す。パートナーは手を添え当てます。

投網を打つように、体重を自然に左側に移動することで、相手が動きます。

右手のみで押してしまい体がばらけています。

体で押してしまい力感が増し窮屈に寄りかかっている。

第3章のまとめ

止まっている中で動ける条件を探す站椿から、ゆっくりと動きながら動ける条件を探す試力へのステップアップはスムーズにいきましたか?

試力の動作は主に手を動かすことになります。つい動いているところに気持ちが行きがちですが、観察・注目の対象は手から徐々に遠いところへ、体幹部↓足↓足裏と向けて行きます。その試みによって徐々に全体性が明らかとなっていくことでしょう。

全体性が感じられない時の主犯は、やはり〝状態〟です。あらゆる事件(!?)の犯人は九割がた〝状態〟です。冤罪もあるかもしれませんので裏付け捜査は次の摩擦歩でもしっかりと!

第4章

〃摩擦歩〃

摩擦歩の3つのポイント

摩擦歩《モーツァーブー》（まさつほ）篇です。

前回までに紹介してきた站椿や試力などは、上半身の動きから全体を見ていきましたが、摩擦歩は下半身の動きから全体を見ていくことになります。

それではまず最初に摩擦歩を学ぶにあたって大事な3つのポイントを挙げてみましょう。

①運動の基本は足が上がること

運動の基本はまず足が上がることです。わざわざ言うまでもないことですが、足が上がらずにスムーズな移動は行えません。しかし、この足の動きが厄介なのです。

意識的に動かそうと思えば思うほど、ここまで書いてきた〝状態〟が崩れてしまいます。

②運動には体を固めて保つバランスは要らない

摩擦歩は片足立ちになって行いますが、片足立ちになると、ついグラグラしないように体を固めてしまったり、倒れないようにすることを目的にしてしまいがちです。ですが、歩くという運動は体重の分配が５：５から４：６や３：７に変化することによって生まれます。つまり運動はある種の偏りから生まれるものであるわけです。

ですから、不安定さを恐れるあまり体を固めることは、運動を理解するのには逆効果になります。

移動については、第６章「歩法篇」で詳しく解説させて頂くとして、その前段階の摩擦歩では、安定と固定について、その違いを体で理解していきましょう。

③動いている場所ではなく、動いていない場所に注目する

動かすことに注目し過ぎると、大きくは動いていないが〝動いているところ〟に注目することができません。

目立ちたがりの裏で、いい仕事をしている存在があるやもしれません。

特に注目してみたいのは動いていない方の支え足、更には按式で止まっている手、腕など、そちらにしっかりと目を向けてみましょう。

これが摩擦歩を学ぶ上で大事な３つのポイントです。

ここでも〝駒井式〟で分かりやすく説明していきたいと思いますので、よろしければ

お付き合いください。

それでは、何はともあれ実際の摩擦歩の動きから説明していきましょう。

足を上げてみよう!

摩擦歩には、

上下、前後、左右、内旋、外旋

の5つの動きがあります。まずはそれぞれの運動を説明しておきましょう。

最初は上下から始め、基本的な条件が整ったら次は前後、続いて左右、内旋、外旋と進めていきます。

摩擦歩の動き自体は以上のようなもので、運動として特殊なものではありません。しかし足の運動としては上下、前後、左右、内旋、外旋で大凡出揃っています。

この5つの基本的な足の運動から、自然な運動・状態とは何かを問いかけるプロセスを摩擦歩といいます。

それでは実際に試してみましょう。

上下

01　足は肩幅に開き、両手も肩幅でお臍の前あたりに。ここの形状は站樁の按式と同様。

02　片足を浮かせ、足を揃えます。

03･04　足の裏が地面と平行のまま、足を上下に動かします。

反対側も行います。

　行進の練習のように大腿部のみで足を引き上げるのではなく、足の裏を上げます。

　足が上がらなければスムーズな運動を行えません。運動の最も基本な条件は足が上がることです。

01

02

三挟（サンジャー）

股・膝・足首の三関節を挟むことで足を上下させます。

地面には着けずに上下を繰り返します。

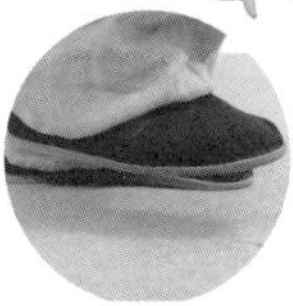

03

04

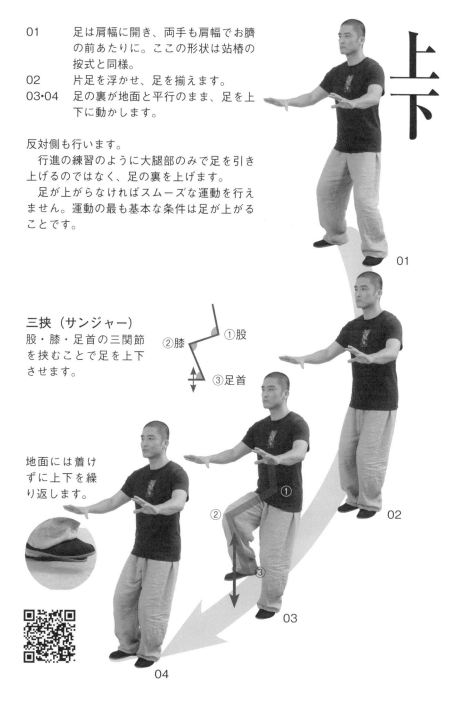

前後

01　足を肩幅に開き、両手も肩幅でお臍の前あたりに。ここの形状は站椿の按式と同様。一度足を揃えてから、片足を浮かせます。
02・03　足の裏が地面と平行のまま、前後に動きます。

反対側も行います。
　前に出る時はつま先から、後ろに出る時は踵から。足の裏が地面と平行が保てる範囲で行いましょう。

左右

01　足は肩幅に開き、両手も肩幅でお臍の前あたりに置きます。ここの形状は站樁の按式と同様。片足を浮かせ、足を揃えます。

02･03　足の裏が地面と平行のまま、左右に動きます。

反対側も行います。

外側に動く時は足の外側から動きだし、内側に動く時は足の内側から動き出す。股関節を中心に動かしてしまうと、地面と平行が守れなくなります。

足の幅が左右へ変化する時、体の上下はどの様に変化するのか？　よく注目してみましょう。

無理のない範囲で行いましょう。

内旋

01　足は肩幅に開き、両手も肩幅でお臍の前あたりに。ここの形状は站椿の按式と同様。片足を浮かせ、足を揃えます。

02-05　足の裏が地面と平行のまま、軸足（着いている足）の傍を通る時に踵側へ下がり、円を描き、つま先から前へ内回りに動きます。

反対側も行います。
円の大きさは、腰の高さによって変化しますので、いろいろ試してみましょう。

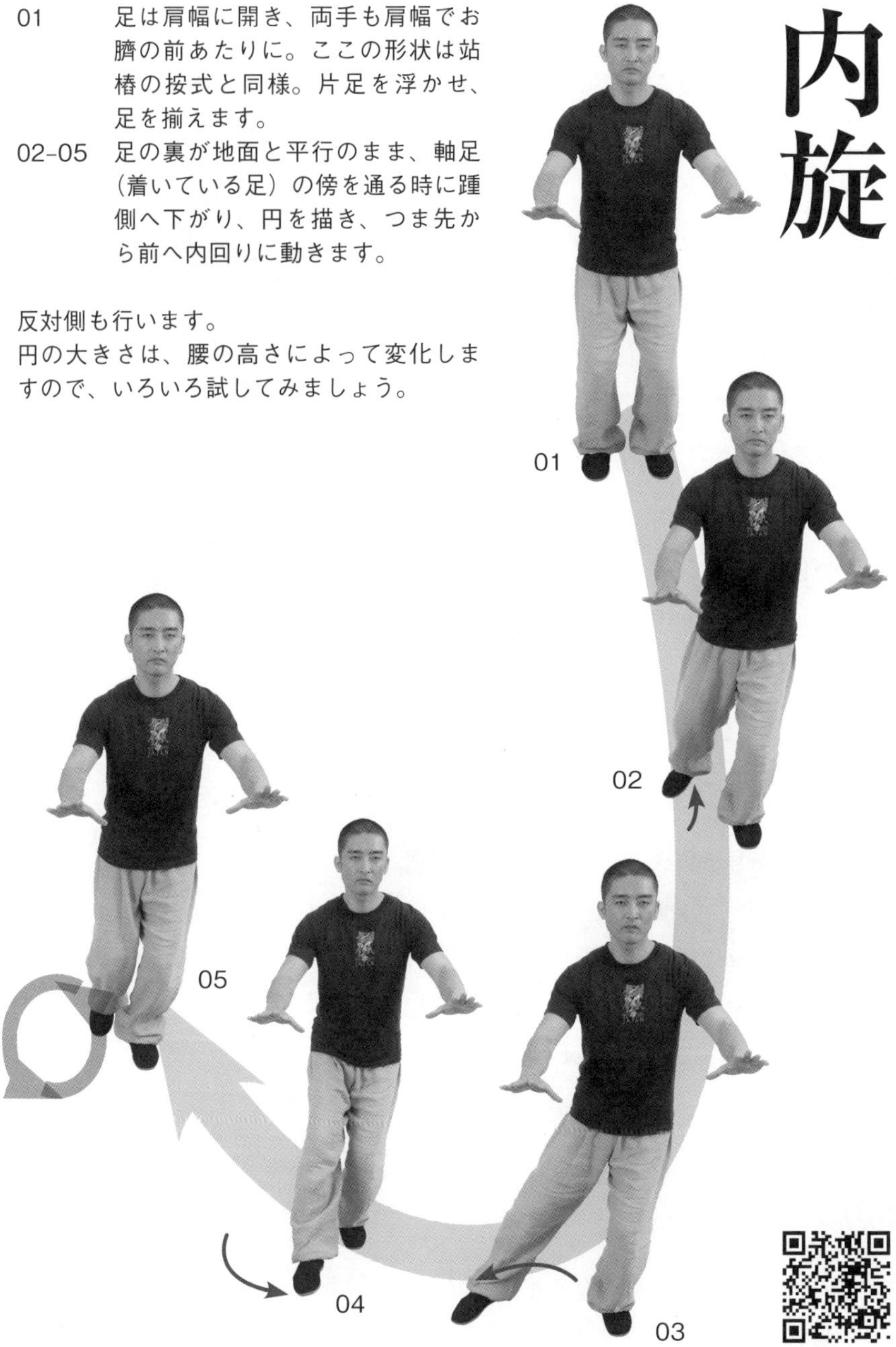

外旋

01　足は肩幅に開き、両手も肩幅でお臍の前あたりに。ここの形状は站椿の按式と同様。片足を浮かせ、足を揃えます。
02-05　足の裏が地面と平行のまま、軸足の傍を通る時につま先側から前へ、遠いところを通る時に踵から後ろへ外回りに動きます。

反対側も行います。内旋と同様いろいろ試してみましょう。

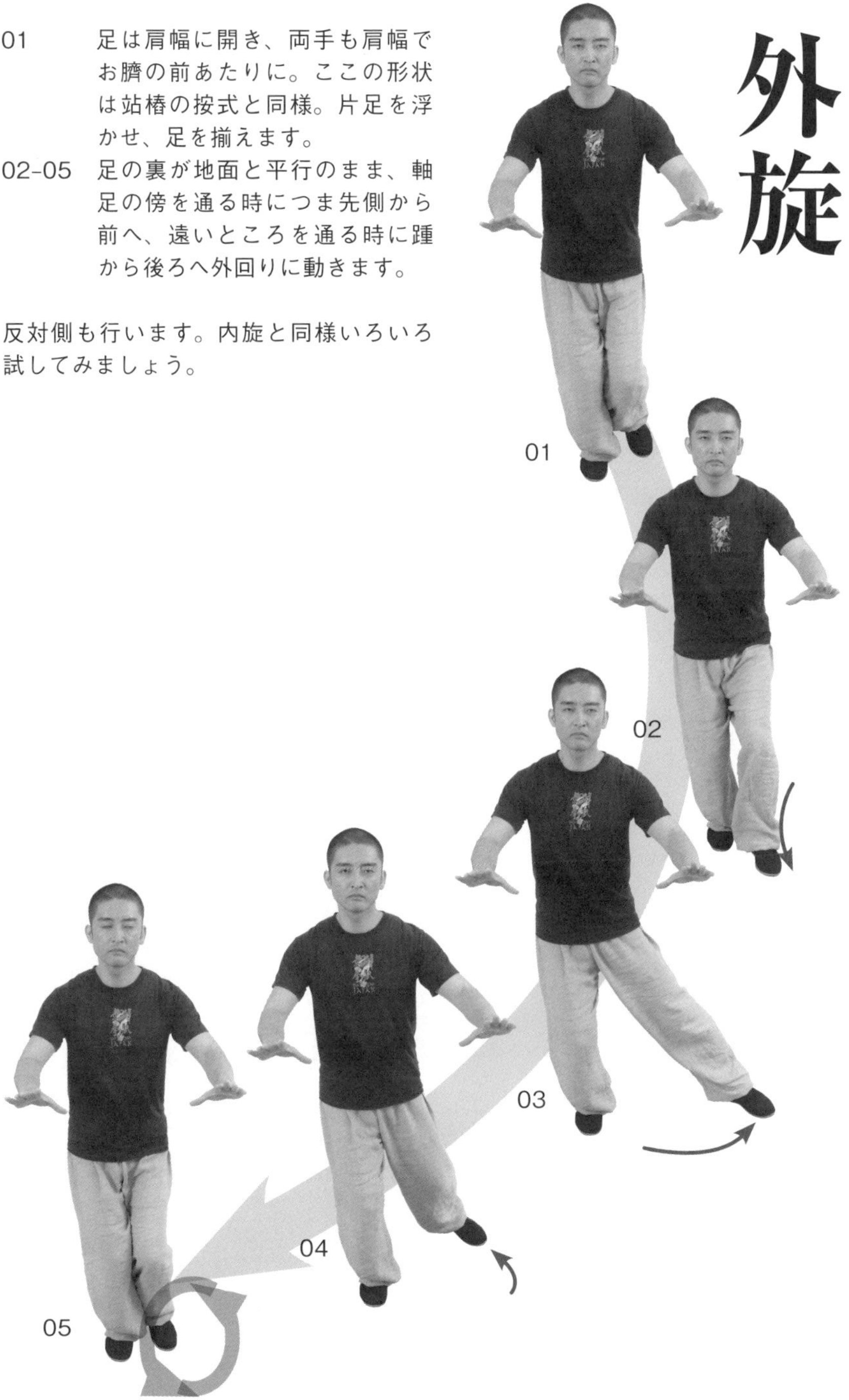

摩擦歩という名前ですが、本当に地面をこすって摩擦するわけではありません。地面にある鉛筆を転がしているような感じです。

膝の動きでやろうとすると特に後ろが跳ね上がり地面と平行が守れなくなるはずです。

前後は実際に歩いている時の運動に似ています。では改めて移動中の足の運動とはどの様な感じでしょうか。止まって行う摩擦歩ですが、普通に歩く感じと摩擦歩を比べて違いを感じてください。

足を内旋、外旋させながら歩くことは、普段はしませんね。一見特殊な運動の様にも見えますが、よく観察してみると、方向転換などの際に内旋外旋の要素が含まれていることに気がつきます。

摩擦歩は以上の5種となります。

解決!! グラグラ問題

先ほど登場した3つのポイントでも解説しましたが、摩擦歩は片足でうまく立ち〝止まる〟練習でも、今流行の体の中心の深層筋やコアマッスルを鍛えるのが目的でもありません。

片足での運動を通して、体がどのように変化しているのかを観察することが大きな目的となります。ですから、それ自体はこれまでの站椿や試力と同じです。

ただ実際に片足立ちになると、すぐに股関節のあたりからグラグラしてしまう方もいます。慣れないうちは仕方がないのですが、それでは練習がなかなか進まないので少し困ります。

何らかの病気や怪我の後遺症などで筋力が落ちて、立ったり歩いたりが困難な方は当然で、この場合は手すりなどに掴まって行って頂ければよいのですが、これといって立ち歩きに問題がない方がグラグラするのはなぜでしょうか?

普通に歩いている時には必ず片足で体を支えている瞬間があり、それでも問題なく歩けているはずの人が、改めて片足立ちをするとグラつくのは不思議な感じです。

普段できているのに、なぜできなくなるのか？

ではなぜ普段は何気なくできていることが、やろうとするとできなくなるのでしょうか？　このあたりに自然と不自然を理解するキーポイントがありそうです。

上手くいっている時の特徴は何気なさすぎてよく分からないので、ここは上手くいかない場合から検証してみましょう。

グラグラしてしまう方の多くが陥っている問題は、逆説的ですが〝グラグラしない〟ようにしていることがあげられます。

「いや、グラグラするのだからグラグラしないようにするのは当たり前でしょ？」

という声が聞こえてきそうですが、実はそこに拘っている限りは、ますますグラグラするだけで、どうも上手くいかないようです。

実は私もなぜそのようになってしまうのか、初めは分からなかったのですが、問題のありかが見えてきました。

そもそも私たちが足を上げるのは移動の為です。
ところが、片足立ちで体がグラグラしないようにすることは、移動の為ではなく止まる為の行為で、いつの間にか体を固定しているわけです。つまり、

・形は移動しようとし
・状態は移動しようとしていない

という形と状態のせめぎ合いが起きてグラグラするのではないかと思い当たりました。

韓競辰老師は、

「我々が求めるのは固定ではなく、安定です」

と言われます。

・移動のため＝安定
・止まる、移動しないようにする＝固定

一見すると、見分けが難しいこの二つですが、その差はこれまで繰り返し重要性を語ってきた〝状態〟があるかないかに尽きます。

つまり摩擦歩で求められる、

移動のため＝安定

とは、これまた動きのなかで〝状態〟を保っている結果だと言えるわけです。

摩擦歩の心理実験

このことを体験的に理解するため、グラグラして摩擦歩に落ち着いて取り組めない方に、ちょっと面白い心理的実験をしてみましょう。

1　片足立ちになります。手は楽な位置におきましょう。

2　足は地面に着かないようにしてみます。一緒にいる人に何秒その状態が保てるか計ってもらいましょう。

目は瞑らなくてよいですが、よくある加齢チェックのような感じです。

（怪我や痛みがある方は無理はしないように、手すりなどがいつでも掴める場所で行ったり、サポートがある状態で行ってください）

次に、

1　片足立ちになります。

2　今度は足を地面に着けないようにするのではなく、（足を上げながらも）逆にいつでも足を着けるようにしてみてください。

いかがでしょうか？

恐らく多くの方が、いつでも着けるようにした方が長く保てたのではないでしょうか？どれほど長くできるかはそれほど重要ではありません。しかし、この〝形は変わらない〟のにグラッとする瞬間に固定状態と安定状態の違いがあります。

この違いを感じることで、動く前に何を保てばよいのかを知る入り口になります。常にグラグラしてしまう不安が少しでも解決したら、もう一度、摩擦歩の型に戻って、そこで生まれる体の変化を味わってみましょう。

〝立った状態〟で固まらず〝座る〟？

韓氏意拳の教学には、〝座る感じ〟というキーフレーズあります。

この言葉は站椿の抱式を行う際によく使われます。

抱式は、

・肩幅で立ち、
・肩の高さで前に出している手を抱くように手前に寄せる。
・腰を下ろし、足を広げる。

という手順で行うのですが、この時腰をいくら落としても、韓競辰老師からは「固まるのではなく、座っている感じ」と指摘されます。

ただ、この〝感じ〟というのがくせ者で、目に見えず習う立場としては非常に分かりずらいところです。私も最初の頃はよく分からず続けていたため、足が辛かったのをよく覚えています。この辛さを乗り越えて続けるうちに、筋肉が鍛えられ、座っている形を長く保てるようになるかもしれませんが、韓競辰老師は、

「重要なのは形が合っていることではなく、〝状態〟があるかないか」

と繰り返し語られます。

つまり筋肉を鍛えて長時間座っている形になるだけでは、本当に〝座っている感じ〟を理解することはできないようです。

この〝座る感じ〟をどうにか感じられるようにできないかと考案したのが、ここでご紹介する遊び稽古です。

やることは簡単で、摩擦歩で行われる共通の手順「足を開いたところから、揃える」運動を借りて行います。

遊び稽古05　「パッ」と足を閉じよう！

1　まず足を肩幅くらいに開いて立ち、腰を下ろします。
2　そしてサポートの人が肘のあたりを上から下に力がかかるように乗りかかります。
3　そこから足を揃えるように一気にパッと閉じます。この時足裏を擦らずに行ってください。

この時サポートの人は力が前や後ろにかからないように注意してください。またサポートする人が上から下に力がかけやすいような高さまで腰を下ろして座ったまま行うのがポイントです。

これで準備完了です。

この体勢自体が辛いかもしれませんので、無理はしないようにお願いします。遊びですから、良いも悪いもないのですが、スムーズにパッと足を閉じることはできたでしょうか？　もし手が残ったり、動こうとしたときに重くなって動けないようであれば上下の整いが無くなっているかもしれません。

プレッシャーが強すぎて足が動かせない時は、サポートの人は少し圧力を軽くして、動かせる感じを味わえるようにしましょう。

体のどこかに多少の力がかかっても、動けるような感じが生まれる〝所〟がどこかに見つかるはずです。

初めから重すぎる力をかけると、それこそプレッシャーがかかって難しいので、最初は自分と同じくらいか、すこし軽い方にサポートしてもらうとよいでしょう。

こうした自分自身の体重が一時的に重くなっているような状態では、動けるような感じがなく動いてしまうと、どこかしら無理をしている感じをはっきりと味わうことになります。

また逆に動ける感じがする（もしくは動けない感じがしない）時は、動けるという当たり前の経験もはっきりと味わうことができます。

はっきりとした経験を通して楽なもの、辛いものを見分ける感覚を養いましょう！

また遊びなのでパートナーとワイワイ気楽に取り組んでくださいね。

パートナーが手を掛けやすいように抱式で行います。

肘を真上から下に向かって圧をかけます。

動ける感じを探して、できそうな感じがしたらパッと閉じる！肘も自然に閉じます。

警戒心を失くしたことは幸福なこと

站椿・試力の項では警戒心の重要性を語りました。

韓競辰老師は、

「現代は昔の不安定な時代と異なり生活が安全になり、都会ではそれがより顕著になっている。そして私たちは警戒するということが常ではなくなり、ついには警戒するということを忘れてしまった。

するど生命が命を守ろうとする際に発動する働き（状態）が無くなり、あらゆる運動に問題が発生してしまっている」


と仰います。

しかし裏を返せば、それは願ってもない平和ということであり、たとえそれが〝平和ボケ〟であったとしても決して悪いものではありません。

どこへ行くのにも護衛をつけていかなくてもよかったり、夜道を一人で歩いたり、誰だか知らない人が多くいる電車の中で居眠りをしていてもお金を盗まれないのはなんとも幸せなことですね。

もし東京の様な人口密集地で、韓氏意拳でいうところの〝状態〟を保って人が近づく度に高度な警戒状態（猫が「シャー！」とでもいう時のように）に入っていたら周りからかなり奇異の目でみられることでしょう。

とはいえ何が起きるか分からない自然環境の中で本来は〝状態〟を保っているほうが自然だとするならば、それを切っていなければ生きられないのが現代社会の問題の根源なのかもしれません。

平和の一短

ですが、そのような〝状態〟を切ることが〝当たり前〟の環境の中で運動を行えば、まるで大事なスイッチが入っていない機械を操作しているような、どれだけ真面目に行っても、どこかに〝もうちょっと良くなってもよさそうな感〟がなくならず、むなしい努力の積み重ねとなるわけで、武術の修行という面から見れば、平和も一長あれば一短ありといえるかもしれません。

ただ現代人である我々にとって希望となるのは、生命として生まれた以上、こうした〝状態〟の働きは皆に備わっている点にあります。

ちょっと思い出してみてください。

「あれは危なかった！」「あの時は冷や汗が噴出した！」「いまも思い出しても……」

いくら安全な環境とはいっても、誰しも危険な目にあったことの一度や二度はあるのではないでしょうか？　そうした時、体はどんな変化をしていたでしょうか？

韓氏意拳の状態を知る手がかりは、そうした自分自身の体験の中にあるものです。

野生の虎とまではいかなくても、野良の猫くらいの気概を持って運動に取り組んでみましょう。

第4章のまとめ

摩擦歩はいかがでしたでしょうか？

ただの足の上下、前後……と侮るべからず。

韓氏意拳において重要な〝座る〟感覚を掴む為に最適な練習です。

股関節は球体関節と言われ、片足立ちになってしまえば必ずぐらつきます。

それを防ぐのは両足が常に持ち上がって体を支えていること、つまり方向的に中心へ向かって集まっていることです。

「遊び2」や「遊び5」などを行いつつ、この先で紹介する移動を伴う練習の中での安定性に不安を感じたら摩擦歩まで戻って練習してみましょう。

コラム「インチキな稽古はやめましょう」

意拳の偉大な創始者・王薌斎先師には様々な逸話があります。
体験者曰く、

・動けば顔が九つに見えるほど速く動いた。
・触れられると体中に電気が走ったようだった。
・向かってくる相手に対し、怪我をさせることなく椅子に座らせると予告しその通りにした。
・その他、幾多の名人に対しても後れを取ることはなかった。
・その腕前を〝国手〟（国を代表するような拳士）とまで称された。

そうした逸話が真実かどうかはひとまず置くとしても、伝説を作るほどの腕前を持っていたからこそ、今日に続く意拳の創始者となりえたと言えるでしょう。

それだけに、その教えを次の時代につないでいくには困難が伴います。

創始者が当たり前として語らなかったその当時の〝常識〟という条件が、その後の時代に変わってしまい、そもそもの前提が変わってしまっているわけです。

考えてみれば、王先師の生まれた時代と今とではまったく違います。車も電車も飛行機もテレビも洗濯機も湯沸かし器も一般に普及することはなく、何をするにも人力や馬力が中心だった時代の人間と、現代の私たちでは基本的な体力はまるで違うことでしょう。生活環境で自然と養われる基礎体力が100年前の人間と異なる私たちが、100年前と同じ運動をしても狙った結果になるかは疑問です。ここは現代化するか、過去には語られなかった基礎体力についての研究など王先師が設定しているスタート地点に立つために何らかの擦り合わせが必要でしょう。

韓競辰師が現代人に分かりやすくと形体訓練を体系の始めに持ってきた工夫などもこの点を考慮してのことであると思います。これは時代ごとに更なる工夫も必要になってくるポイントになることでしょう。

もう一つ、武術を学ぶ困難さはその腕前でなく、伝説のほうを継いでしまうことにあります。

武術を習ったことのない方にはピンとこない部分かもしれませんが、道場の中には得体のしれない力が働くことがあるのです。
それはある種の〝空気を読む力〟といってもいいかもしれません。
いえ、有り体に言ってしまえば〝やらせ〟もしくは〝インチキ〟です。

先生がちょっと動いただけで、生徒が〝稲妻に打たれたように〟自ら飛んでいったり、必要以上に痛がったり、しまいには先生が悪い例をしたのに、生徒が勘違いをして投げられてしまったりすることまで起こります。

教える立場である先生と教わる立場の生徒の間には、年齢の差があることも多く、上下の関係性が生じることがあります。そのなかで先生がその関係を権力の上下だと勘違いしてしまえば、生徒がその場で生き残るには先生を打倒するか、空気を読み先生のご機嫌を取るかの道を選ばざるを得ません。

先生のほうも先生のほうで、志が緩んでご機嫌を取られていることに慣れてしまって、ぬるま湯のようなずぶずぶ接待稽古を受け入れてしまうとそこから一生抜け出せなくなります。

先生のほうが求めたのか、それとも生徒のほうが求めたのか、はたまた双方の伝説再現願望なのか、何が先で何が後かは接待稽古になってしまった後ではそれほど重要ではありません。

本来の礼である先生が生徒を慈しみ、生徒が先生へ敬いの心を持つ関係性には美しさを感じますが、それが教学の重要な場面において、遠慮であったり、気遣いであったりとして入り込んでしまうと醜いことこの上ない関係となってしまいます。

こうしたことは他人事ではなく、私のクラスでもそのような臭いを感じることがあります。そうした際、私の実力不足故に受講者に余計な気遣いをさせてしまったことに申し訳なさを感じつつも、講義の流れを止めて注意させて頂いております。

何故なら名人でも達人でもない私にとって、講習の場は、私自身の体験と認識を深める大事な場であるからです。そこで偽達人のように祭り上げられ、自分の立ち位置が分からなくなっては困るのです。

一度浸かれば二度と抜け出せない沼のようなものが「やらせ稽古」です。

特に私が学び伝えさせて頂いている韓氏意拳は、形以上にその中に含まれている無形の〝質〟を伝えることが大事です。その〝質〟を伝える際に、伝える側と学ぶ側ともに誠実な〝試〟がその場からなくなってしまえば、その場には緩やかな〝死〟が待っているだけとなります。

例えば講習のなかで、上げようとする手を押さえてもらって、上げてみせることがあります。

これも「何でもかんでも抵抗しなさい」というわけではありませんが、全体的な運動と部分的な運動の違いを体を通じて体験して、学習の参考にしてもらうべく行っているのであって、決してやられて欲しいわけではありません。

正直に告白しておくと、講習において説明通りにいかない場合もあり、残念な性格の私は一瞬ハラワタが煮えくり返るような気持ちになることもあります。ただ、それは相手に対してではなく、まさに口ほどにない私自身への怒りです。

本当に恥ずかしいことですが、恥をも糧にして前に進んでいきたいと思います。

先生のご機嫌取り。やられ役がうまくなるような練習。そんな実りのないことを限りある人生のなかで、仕事終わりの時間や、家族や友人と過ごすこともできる貴重な時間を使ってまでする必要があるのかどうか？

私には疑問に思えてなりません。

第5章

技撃椿

いよいよ技撃！

みなさん、ごきげんいかがでしょうか。
本章では技撃椿、大式椿の紹介をさせて頂きます。
「技撃！」というと戦いのイメージを持たれる方もいるかと思います。
と他人事のように言っていますが、私自身が初めて習った時に、
「技撃か、ようやく武術っぽい練習が始まるのか⁉」
と思ったのを覚えています。
果たして韓氏意拳の技撃椿とはどのようなものでしょうか？

技撃椿、大式椿3つのポイント

①上半身と下半身の自然なつながり

まずこれまでの練習と関連と相違点ですが、形体・站椿・試力では主に手の動きから体全体摩擦歩では足の動きから体全体を見てきましたが、今回の技撃椿・大式椿では、

手の動きに連なって、足が動く

というより大きな運動を行うことで、状態が「あるか、ないか」をよりはっきり試していくことになります。

手は動いても足が付いてこない

幸いなことに普段問題なく歩き回れる人にとっては、手足は動かそうと思えば動かせ

ますし、手足の形を似せることはそれほど難しいことではないでしょう。ところが〝付いてくる〟かを誤魔化さずに観察すると、ある一定のまとまりがなければついてこないことに気が付きます。

ここに分かりそうで分からなかった状態、纏まりをつかむポイントがあります!

②全体運動と部分運動

まず、足がついてこないのには、大きく二つの理由があります。

・体全体のまとまりがないこと。
・体を動かすのに腰を使っていること。

体全体のまとまりがないことは、站椿篇、試力篇も共通する問題ですのでここでは省きます。やってみて足がついてこないようなら、体全体の纏まりについて再検証しながら站椿・試力を行ってみることをお勧めします。

次の体を動かすのに腰を使うは、左右試力の時に検証しましたが、技撃椿で切実に出会う問題ですので詳しく解説します。

逆説的な解説になりますが、体を動かすのに足を使っていることに、どんなデメリットがあるかの説明から始めてみましょう。

腰で体を動かすのはせっかくの体重を捨てる?!

地面を蹴りつけるような動きでは、踏ん張った足に体重が残ってしまいます。

体を、といってもここでは主に上半身になりますが、腰で体を動かすのには、どうしてもしっかりと下半身で地面を押し込む、または蹴る必要があります。例えば反動の大きい大砲を撃つために砲台が固定されているようなものです。

そうした動き方で突くと、地面にはこすり付けられた足が残ってしまい、結果として突いた手だけが、大砲の弾が飛んでいくように目立って動くという動作が生まれます。

一見すると手も足も腰も全身が運動に参加しているようですが、全体として統率が取れていないバラバラな動きを行うと、私たちの体重は分散、散り散り、ばらばらになってしまいます。

分散といってもどこかに行ってしまうのではなく、地面を押すような力を出している間は、自分の体重を〝受け持つ〟、〝負担する〟ことになります。

体重を自分で受け持ってしまうと、移動の際に生じるエネルギーを人に伝えられなくなってしまいます。つまり、大事な体重の作用、体重の働きを捨てることになります。デメリットを簡潔に書くとなると以上です。

逆に足を固定するメリットは、土台がしっかりすることで拳が加速することがあげられると思います。ただ、韓氏意拳においては移動のエネルギーと、それを伝えるための体の纏まりを重視するため厳に戒めてこれを行いません。大砲の例えで言えば、弾だけではなく、大砲全体の重さごと当てる感じです。

③距離感　構えではなく、すでに当たっている？

二足で立っていると判断しにくいポイントに、

「手の参加性」

があります。

二本の足で立っている時に、手にどのくらいの力を入れれば適切かを考えても分かりませんが、四足で歩くとなれば、「どのくらいだろう？」と考えることもなく、自然にちょうどよい力で、体を支えることができます（特別、四足歩行と意識しなくても、寝た状態から立ち上がる時には自然と床に手をついて体を支えているはずです）。

そしてこの〝手が体重を支える〟という安定した状態と形状が、自分の拳での攻撃が当たる際の姿勢につながります。

技撃樁の形を一人で行っているのを見れば、まるでこれからパンチを撃つ準備をしている様な、いわゆるファイティングポーズの様に見えなくもないですが、実はこれはすでに、

〝当たった時の形〟

なのです。ですので、過度に手をだらけさせないように〝どの瞬間も衝突に備えるかの如く〟そんな感覚が必要です。

そして当たった時の形であるので、これがそのまま韓氏意拳の拳の距離感の基準にもなります。

この少々曲がった自分の手の範囲まで近づかなければ韓氏意拳の拳は有効な打撃とはなりません。

中国拳法には拳打の距離感の特徴をもって、長打（腕を伸ばして当てる）系、短打（手をまげて、もしくは肘などで当てる）系と分類する方法がありますが、韓氏意拳は比較的短打系となります。

技《ジー》撃《ジー》椿《ヂョン》

01　肩幅より少し広く足を開いて立ちます（足が揃った形を平行の歩、平歩（へいほ）と呼びます）。

02･03　手を肩の高さまで上げて、そこから抱くように手を寄せながら腰を下ろします（同時）。站椿で行った抱式の形状になります。

04･05　手を右（もしくは左）に持っていくことで体全体が左に 45 度程度、つまり横を向きます。左の手と鼻先、右のつま先（もしくは膝頭）が揃うところを順式。

06･07　さらに手を進めて左手と鼻先が揃うところまで行くのを逆式と呼びます。

平歩に戻り、反対側も同様に行います。
※体重の分配は前が３、後ろが７。

01

別角度

体重分配が５対５になっている。

02

03

04

技撃歩

技撃椿の足の形状が丁の字の様で、ハの字の様でもあるので“丁ハ歩（ティンバーブー・ていはちほ)”もしくは“不丁不ハ歩”という呼び方もあります。

大《ダー》式《シー》椿《ジョン》

01･02　肩幅より広く足を開き、腰を下ろします。
03　45度程度横を向きます。
04　右手を正面に上げます。高さは肩の高さ。
05　左手を側面にも上げます。高さは肩の高さ。
06　側面に上げた左手を正面まで持っていきます。下半身は上半身に連れて自然に正面を向きます。

反対側も同様に行います。
※体重の分配は前が４、後ろが６。
※最初に開く幅の目安は、足を広げて腰を下ろした形で、足をパタパタと軽く持ち上げられる〝最大〟の幅で行いましょう。大式は最大の幅で行うことがポイントになります。

腰が引けてしまっている。

大式椿第二　大式椿から左右の変化で行います。小指側で切り上げます。

06

05

実際の運用時には、短打でも、長打でも当たるところまで近づくことが重要となりますが、ここで紹介する技撃椿・大式椿はその前段階の練習ともいえるでしょう。

実際に形を見ると、技撃という割には、「なんだ」という感じがないでもありませんが、ここまでの「これが武術になるのかな？」という形に比べたら、すこし武術っぽい形になってきましたね!?

韓氏意拳の練習体系はこの技撃（站）椿あたりから少しずつ、動き自体に武術の要素が濃くなってきます。そして、その意味を知ることで、前半の練習自体が武術の要素を基本としていることが見直されることになります。

とはいえ、そのまま動きの練習になるかというと、そうはならないのが韓氏意拳の特徴ともいえるところで、今回も〝状態〟があるかないかを試していくことになります。初めの方でも書きましたが、技撃椿・大式椿も今まで同様、〝状態〟に注目することは変わりません。

そうした意味では、技撃という名前がついているからといって単純な戦闘技術訓練ではないのですが、その一方で韓氏意拳はあくまでも拳（武術）ですので全てが戦闘訓練と言えます。

韓氏意拳の初級体系では拳式と拳法を除けば、一つ一つを見ると「戦闘にどう関係するの？」といった練習ばかりですが、おそらく本書の目標である初級体系を紹介した時に、「全てが戦闘訓練」である、韓氏意拳の姿が見えてくるはずです。

特に大式樁で重心が5対5から左右の転換を行って自然に重心が移動し、前4対後6になった際に、後ろ足がいつでも上げられる状態を保っているのか？　この精度をよく観察することが大式樁練習の重要なポイントとなります。実際に上げて確かめてみましょう。上げる際に前足に重心を移さなければ上げられない感じや、上げた際に腰の位置が下がってしまうのは改善の余地ありのサインです。

腰を中心に体を回してしまうと重心があまり移動せず中間に留まってしまいます。形状でもある程度判断できますので、比較写真を参考にしてください。

しかし最終的な形を標準に合わせて行う練習は、あくまでも補助輪的な練習の途中過程での行いであり、中間重心から左右の転換によって重心が自然に3対7や4対6に変化すること、つまりは「動ける後ろ重心に入れる、保てること」がこの先の練習へとつながっていくことになります。

根気よく練習しましょう。

遊び稽古06　技撃遊び

技撃の転換の理解を深めるための遊びを紹介します。

1 一人は右手を写真のように曲げて立つ。
2 一人は左手を相手の肘のあたりに添えて、右手は首に回す。
3 足は右足前の技撃歩（つまりスタートは右前の順式ということになります）。
4 技撃の順式から逆式の要領で転換し相手に働きかける。

バリエーションとして左足前から始めること（逆式から順式）もあります。

受け手は強く抵抗せず、パートナーのやりやすいように棒立ちから始めるとよいでしょう。お互いに練習法に慣れてきたら少しずつ足幅を広げるなど工夫をしてみてください。組んでの練習は、足などが絡んでしまうと倒れる危険性もあるので十分注意して行ってください。

転換の練習法としてよく見てほしいポイントは、動きを行った後に動けるのか？　です。NG写真のように相手を倒すことに拘ってしまうと別の練習法になってしまいます。

右前の順式で
首と肘に手を
掛けます。

左側から動き
始めます。

相手を倒すこ
とに拘ってし
まうと、練習に
なりません。

左右の手の上
下変化は順逆
の変化に随い
ます。

第5章のまとめ

技撃、大式樁の変化は拳法を行う際の〝基準〟となる練習です。

大式は低い姿勢で行うと地味に疲れますが、高い姿勢では要点を掴むのが難しくなってしまいます。

しかし無理をしすぎると膝を痛めてしまう危険性もありますので、足が疲れてきたら反対側をやるなど自分のペースを守って行いましょう。

疲れるのは嫌なものですが、この疲れは避けては通れない道です。怪我の防止の為にも練習は毎日少しずつ継続して行いましょう！　継続こそが自分の枠を拡大していく鍵になります。

コラム 「韓氏意拳の素朴な疑問に答えます！」

質問 「稽古中、生徒に触れている時には何をチェックしているんですか？」

答え 触っている時には相手の状態を観ているのではなく、触っている〝自分〟の感覚を観ています。だから相手が緊張した動きをすると、私の中に緊張が発生します。相手の力んでいる箇所が自分の体の中でも反応が出て、私の体も力みます。実際に手を交えるような場面ではこうした影響を受けないようにしなければならないんですが、指導などで相手を観る時には、自分の体の状態をやや緩めて均一にしておくと相手の状態が私の体の中に移ってくるんです。ですから相手を観る時にはちょっと触れる必要があります。

これは韓先生に触って頂くなかで感じて実感として学んだことで「こうやって相手を観るんだ」という風に教えて頂いたわけではありません。

こうした感じが自分の中で芽生えたのは、やはり站樁をやっていた経験が大きいと思います。站樁で状態を作っておくと相手の緊張が見えてきます。逆に自分が緊張していると相手の緊張や力のグラデーションが分からなくなります。

また練習で動く時に緊張してしまうことを韓先生から「そうではない」と言われたこともベースになっていると思います。こうしたチェックがないと、例えば相手を動かせたとしても、それが単なる力によるものなのか、それとも状態があることによって動かしたのかが分からなくなってしまいます。局部的に強い力で動かすことも可能なわけですから、結果だけを見て良いか悪いかを評価できないわけです。

状態を観るというのは、力がどういう経路を辿って出ているかを自分の体の反応を観て確認しているわけです。その時に站椿で作った自分の中の基準を参照して相手に伝えています。伝えると言っても相手を導くというよりも、自分でやってみせて「違いが分かりますか?」という問いかけをしています。手把手《ショーバーショー》(hand to hand)で教えるわけです。韓氏意拳ではこのコミュニケーションプロセスが一番大事だと言われています。相手の足りていないところに気がついたら「足りないよ」と言葉で伝えるのではなく「こういう感じですよ」と相手に反応が出るような動きを自分がしてあげて、何かが違うということを感じさせるようにしています。

私自身そういう方法で韓先生から教わってきましたし、それが伝統的な教え方だと聞いています。やって見せるのではなくて相手に行ってあげる、〝触れて教える〟わけです。ですから韓氏意拳では「(言葉で)教える、見せる、触れるの中で、触れるが一番順位が高い」と言われています。

触れて教える際には、ちょんちょんと触れるのではなく持続的に触れます。もちろん教える内容によって変わります。いずれにしろ韓氏意拳では触ることはとても重要です。当然触れる側の役割は重要です。相手をどこまで見られるかということは触れる側の人のレベルによって違ってくるからです。ですから教え方がどうというよりも、自分の稽古がどれだけしっかりできているかが大事になります。指導する側に深さがあれば、相手の浅いところから深いところまでしっかり観ることができるからです。そうした見方ができれば、相手の状態に合わせて〝今はどこを見るのか〟ということが考えられるからです。

私が韓先生に教わる時にも、この間「OK」と言われたことが、次に伺った時には「駄目だ」と言われたりしますが、それは先生が私の状態に合わせて、その時に見るべきポイントやレベルを設定して観ているからだと思っています。指導する側に深さがあれば、相手の成長に合わせて観るべきいいポイントを設定してくれるわけです。

逆に教えて頂いている私も、そうした指導の中で改めて先生の深みを感じられ発見があります。ただその為には普段の稽古の中で自分自身で新しい発見をしている必要があります。自分なりの発見を踏まえて先生に触れると「ああ、やっぱりそうなんだ」といった見方、感じ方ができて、改めて先生の凄さを実感できるわけです。そのためには自分の練習をしっかりしておかなければいけないわけです。

質問 「韓氏意拳ではなぜ組手をやらないのですか？」

答え 一つは韓先生が考える真の体験の前提が「ルールがないこと」であるからだと思います。組手のように「始め」や「終わり」「こういうルールでやろう」といった前提があるなかでの経験は〝リアルではない〟という考え方があります。ただ全てを否定しているかというとそうではなく、サッカーやラグビーといった接触を伴うスポーツの経験をすると「拳についての理解が深まるのでどんどんやった方が良い」と仰っています。

もう一つは韓先生ご自身が、過去に実際に人を打ってしまった時に相手に大きなダメージを与えてしまったということがあり、先生と生徒の間や生徒同士といった間柄の中でそうしたことをやるのは〝よろしくない〟との考えが韓先生にはあるのだと思います。

また韓氏意拳は稽古体系として個人で練習ができるものをまとめていることもあり、組織としてはいわゆる組手のようなものを設定して行っていないわけです。

ただ私個人としては、一昔前の武術家のエピソードによくある「腕試しとして繁華街に繰り出して喧嘩をする」というようなことは、現代社会では「現実的ではない」と思いますし、それこそ組織として行うには無理があります。だからこそ先ほど話したリアルという意味から外れてしまいますが、サッカーやラグビーなどと同じようなルールを決めて安全性を考慮した上で人と手を交えるという経験をした方がいいと思っています。

こうした経験は韓氏意拳を稽古する上で、個人個人がもっと積極的に行ったほうが良いと思います。韓先生にも私個人のそうした取り組みに関して評価して頂いています。私自身もまだそうした方面の練習は始めたばかりですので偉そうなことは言えないのですが、とてもいい経験です。やはり思ったようにばかりはいきません。

実際にやってみるとそういう思った通りに行かない経験をすることで思ったようにならないことを解決するための練習が体系の中に含まれていることに気が付きます。練習が(自分にとって)何を意味しているのかを理解して取り組む一人練習は意欲が変わってくると思います。つまり練習が〝もっと楽しくなる〟。これはやっぱり対人練習をしなければ分からないことです。サッカーやラグビーだけではなく、日本には相撲もありますので、そうしたものを通じて、是非友達同士で安全に配慮しつつやってみることをお勧めします。

質問「上手にできている状態というのはどんな感じ?」

答え これはなかなか言葉にするのが難しいところなのですが、言葉にできるくらいだったら間違っているとも言えます。それを前提にした上であえて言葉にするのであれば、逆説的な言い方なのですが「嫌な感じがしない」ことと言えます。

例えばへんな力みや、動きの中で止まっている場所がない感じ、練習の過程の中で初めての感じ、と言えるでしょうか。自己判断が難しいところですが、総じて言えば「悪い感じがしない」ということと言えるでしょう。

また、部分から全体を見るということもあるでしょう。例えば肘が安定した抱く感じが保てているか、膝の感じはどうなのか、と個々の感じから全体性を見るという方法もあるでしょう。韓氏意拳では全体性があるか、整っているかということが重要だと言われているのですが、それを判別するのはなかなか簡単なことではありませんし、ある意味で漠然とした大きな目標でもあるので、本文にも書いたような色々なポイントを一つ一つをチェックして、それで自己評価をするのが具体的な練習方法だと思います。

質問「稽古はどのくらい長くやった方がいいのでしょう?」

答え この稽古時間の長さについての質問はクラスでもよく聞かれることなのですが、韓氏意拳では稽古の長さは練習の目安にならないと言います。韓先生も「長くやればいいというのは大きな間違いだ」と仰っています。時間よりその内容が重視されるわけですね。ただ短くて良い、という話でもありません。要は時間の長短に限らず集中して行うことが大事です。ですから練習の長さを気にするよりも、継続できる時間のなかで行う方が良いでしょう。それが人によっては1日5分ということならそれでも構わないでしょう。

ただ武術として取り組みたいのであれば、5分しかないのなら5分でバテバテになるような運動を行うことから始めることをお勧めします。形体訓練の蹲起などですね。初めは辛いかもしれませんし、実は5分の運動はどれだけやってもいつまでも辛いものですが、やり続ければ必ず効果があります。もっと時間があるのであればその他の形体訓練と站樁をやったりと、自由に組合わせて行えば良いでしょう。〝睡眠時間を削ってやらなければいけない。そうしなければ成長しない〟というものでもないと思います。もちろん多く練習した方が多くの体験ができるし、それだけ発見があってより稽古が早く進むこともあるでしょう。ただやはり漠然と稽古の時間を長くしても、内容が薄まるだけであまり意味がないと思います。

また「何年ぐらいやれば上手くなりますか」という質問もよく聞きますが、韓先生は「セミナーを受けて、その日は1日練習して、翌日からは練習をしないで、翌月、翌々月セミナーに参加して久しぶりに練習する。そういう練習への取り組み方では、どれだけ続けたとしても習い始めた初日と何ら変わらない」と。私もそう思います。ただどのような練習をすればいいのかを理解するまでにも時間はかかります。その目安としてはまず「3年ぐらい継続的に行ってみる」という気持ちで始めるのも良いかもしれません。3年稽古を続けて何も変わっていないということだったら、それは取り組み方が間違っているかもしれないし、もしかしたら韓氏意拳に向いていないのかもしれません。

私自身「変わったな」と感じたのは、稽古を開始してから10年くらい経った頃です。多分向いてないいんでしょう（笑）。でも10年くらいしたところから、何かようやく韓先生の仰っていることが入ってきて、「ああ、こういうことを言っているのか」と分かったり、日々の発見が具体的になったりして、それこそ自分の「状態」が分かったり、先生から「OK」をもらったりして。いずれにしてもごく最近になってからの話です。

それまでにも「OK」と言われることはあったのですが、偶然「OK」と言われたような感じで、自分でもなんでOKをもらえたのかが分からなくて、再現性がないという時代も長くあります。安定した手応えのあるOKをもらうには10年くらいかかりました。未だに「できた」という実感は分からないことも多いのですが、ようやく「こうした本を書いて現時点に杭を打ってみるのも良いかな」となったところです。もちろんそれまでにも教えてはいたんですが、はっきり言葉にしたり、自分の思いとして語れるようになるには10年くらいかかりました。長いと感じる人もいるでしょうが、個人的には芸事という風に考えればそれほど長い期間ではないと思います。

第6章

歩法篇

跟歩と三角歩

お待たせしました。今回はいよいよ歩法です。ついに動きますよ。

ここでは、跟歩、三角歩、そして三角歩の間接運用、小車歩、赶歩の紹介、さらには韓氏意拳の歩法を理解するのに重要な練習法として「歩法とはフットワークではない！」と題して〝重心転換〟について書いていきます。

歩法の3つのポイント

①跟歩《コンブー》（こんぽ）と邁歩《マイブー》（まいほ）

邁歩とは韓競辰師が跟歩を解説してくださる時に、「このようにならないでください」と悪い例として解説実演してくださった歩になります。

その「歩」は跟歩とは真逆の〝ついてこない歩〟となります。

例えるならば「抜き足、差し足、忍び足」です。

私と同世代かそれ以上の方ならドリフターズの泥棒のコントを思い描ければ、邁歩とはどのような動作を指す用語なのかを正確にご理解いただけると思います。

分からない方に説明すると、家主に気がつかれないように、一歩一歩、音を立てないように歩いている姿を想像してください。つまり一歩と一歩が独立していて動作的にも繋がりがない歩が邁歩となります。

このシチュエーションを例にとれば、普段ならすたすたと歩くところを〝音をたてないようにしよう〟という意識（人為）が自然な運動を邪魔して、邁歩という不自然な歩となったと言えるでしょう。

②全ての歩法に跟歩の感じ

跟歩に続いて三角歩と続けて練習することになりますが、そこで重要なのは跟歩の感じがあるかということになります。跟歩の感じとは両足が一つになることを言います。そこで理解を助けてくれるのが重心転換の練習で得た「二足で体を支えても重心は一つ」の感覚です。よく分からない時は重心転換を行ってみましょう。

③ 前を見る

段々と動きが複雑になってくると目があちこちに移り変わって安定しなくなります。基本的には自分が進む方向に目を向けて行いましょう。

ガンガン前へ！ 跟歩

跟歩は全ての〝歩法の母〟と言っていいほど歩の中では特に重要です。

それは跟の意味に秘められています。

跟には「つき従う、あとについて行く」というような意味があります。つまり歩は足の左右が独立せず、どちらが出ても必ずもう片方も付いてくることによって移動が成立するので、それを基本とするということです。

この話を聞いたり、読んだりすると混乱する方がいるでしょうが、それも当然です。

それは、この歩の説明が私たちが普通に行っている〝歩き方〟について解説しているだけで、特別なことではないからです。

跟歩《ゴンブー》

01　技撃歩（149頁）で立つ。手はお臍のあたり（按式）。

02･03　前の足が出る。

04　後ろの足がついてきます。前の足は入れ替えずに、しばらく続けて、適度に行ったあと反対側の足を前にして行います。

動く前は前3対後7、足を出している最中は4対6とバランスが変化し、着地と同時に3対7に戻ります。

何気なく道を歩く時は、右、左、右、左と前に出る足が交互に入れ替わり、〝足がついてくる〟という自覚はあまりなく、説明だけを聞いても分からなくなってしまうので、練習を実際に行って感覚を掴むことが重要となるのは他の練習と変わりありません。

斜めだけど真っ直ぐの三角歩《サンジャオブー》（さんかくほ）

二番目の歩は〝三角歩〟です。先に紹介した邁歩は練習しなければいけない歩ではないので、数には入れません。跟歩の次で二番目です。

私が韓氏意拳以前に触れたことのある流派では〝三角〟という名前がつく歩は大体において、相手の攻撃を自分の位置を変えることで躱《かわ》す歩として教えられることが多く見受けられました。

しかし韓氏意拳の歩は、位置関係の変化によって相手の攻撃を躱すのではなく、跟歩同様に相手に（やや斜めになりつつも）直線的に進入する形を用います。

跟歩との大きな違いは、身法による左右の転換にあります。

その左右の転換によって体に生まれた斜面・傾斜には相手の打撃を逸らす効果も期待できます。

三角歩間接運用のポイントは、まず〝一歩目〟にあります。

この一歩目は相手に向かって進行していく一歩となります。ですので、動きを覚えたり、形を確認する為にゆっくり行う時以外は、「イチ、ニ」と区切ったり、間をおいたりせず、全体を一つの過程とし流れるように行ってください。

韓競辰師はこのことを、

「まるで水に浮かんだ軽石を踏んで進んでいくような」

と例えて解説してくださいます。

つまり、

「軽石なのでグッと踏んでしまうと沈んでしまうから、体重を掛けずにサッと進んでいくように」

という意味ですね。

そして相手に向かって進行していくということは、より危険な地帯に踏み込んでいくということになりますので、繰り返しになりますが自分に〝状態〟があるかどうかが重要となります。

三角歩《サンジャオブー》

01　技撃歩で立ち、手は腰まで下ろして（按式）から始めます。
02　そこから左手を右へ持っていきます（左右試力の感じ）。
03　左手が動き始めるのに合わせて、右足が動き出し、左足を追い越して前へ（写真は通り過ぎようとしているところ。実際には止まらずに一気に行います）。
04　右足が前に出て入れ替わり、最後に左足が跟歩のように一歩ついてきます。
05-07　左右で行います。

※転体が重要！　胸のマークが見えたり消えたりしている点に注目！

01

02

03

04

07
06
05

三角歩《サンジャオブー》（正面）

正面からみた三角歩です。
視線は前方に相手がいると仮定し左右にぶれないように行いましょう。

手の高さも体の変化に
随って変化します。

三角歩間接運用

01　技撃歩で立ちます。手はお臍のあたり（按式）。ここまでは通常の三角歩と変わらずです。違う点は、
02　前の足を一歩踏み出し、
03　左手が右へ、
04-07　後ろの右足から出て、元々前にあった左足が付いてきます。
08-12　交互に繰り返します。

三角歩での手の運びは前項「技撃・大式樁」で紹介した技撃樁〜順式から逆式〜の変化を按式の高さで行うと考えて間違いないです。

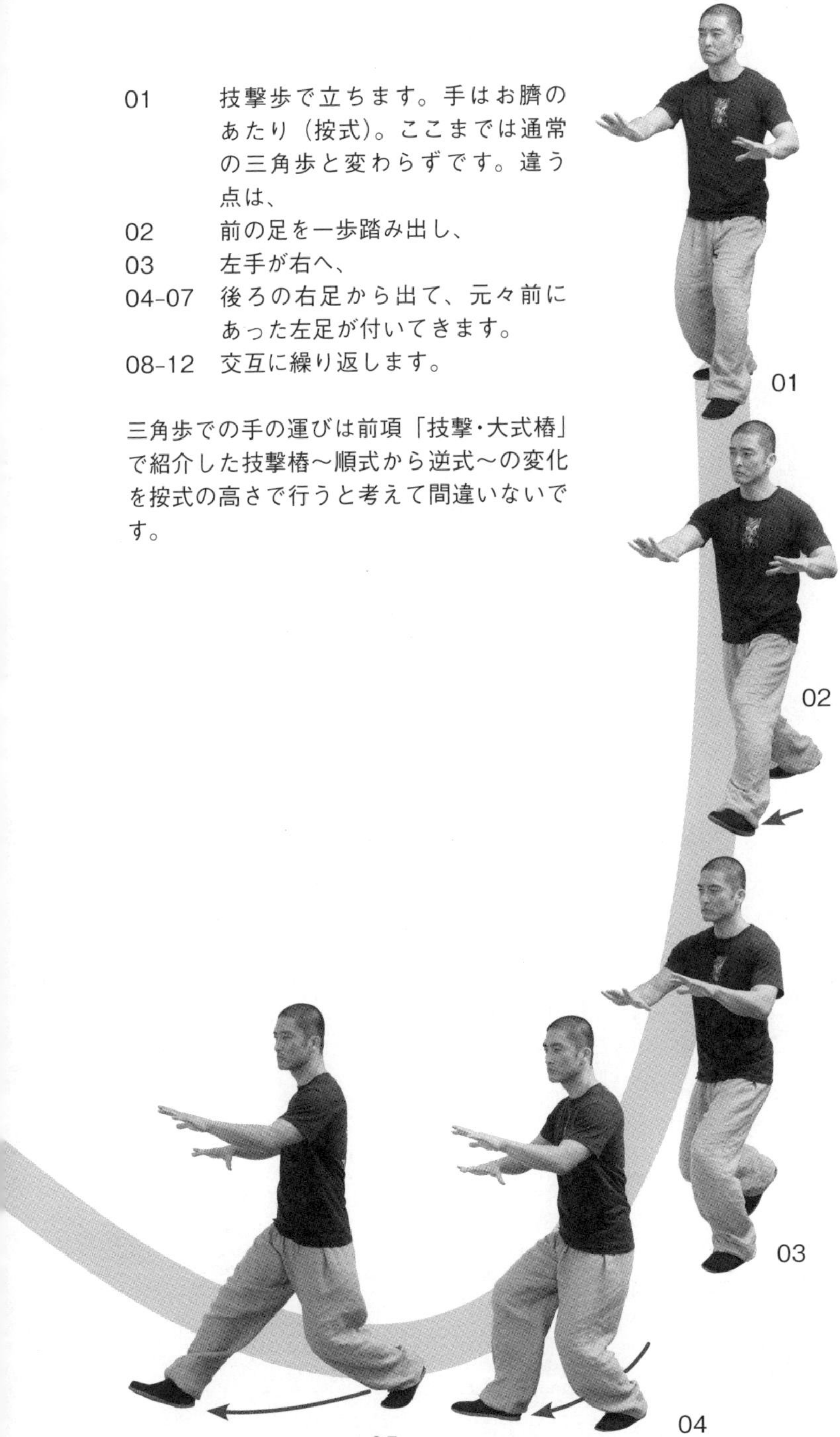

足運びは軽石を踏むかの
如く行います。

歩要過人《ブーヤオゴーレン》

これは歩法の重要性を教えてくれる金言です。直訳的意味としては「人を通過するには歩が必要」となります。

この教えのポイントは、

「距離を詰めるのは手の仕事ではなく、歩の仕事である」

ということにあります。

人を目の前にすると、近づくのが怖いのと、気が焦るのが混ざって、つい手で打ちたくなりますが、それでは有効な打撃とならないだけでなく、距離が適切ではないため躱される可能性も高くなります。他にも「中門（相手の両足の間）を踏む」などという言葉がありますが、これも深く踏み込んでいくことの重要性を示しています。

小車歩《シャオチャーブー》

01　両足を開き平歩で立ちます。

02　手は抱式から手のひらを返して前に向けます。

03-07　右足を小さく弧を描くように出し、左右交互に続け前へ進みます。

体を板のようにして捻らずそのままに、体全体の角度を変えることで足が円周を刻むように前に出ることで前進します。動きが直線的になりやすいので注意が必要です。
始めは片側ずつ一歩一歩ゆっくり行い、少し慣れたら左右交互に行ってください。

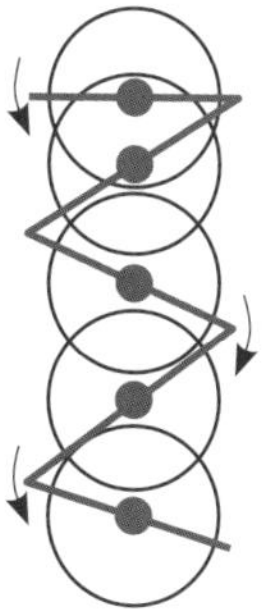

赶歩《ガンブー》

01　両足を開いて平歩かやや前後して立ちます。
02　両手をお臍の高さまで上げ、
03　そのまま右手を差し上げつつ、左足を出します。歩くのと同じ要領です。
04•05　手は前擺の要領で大きく振る。
06–10　交互に繰り返します。

注意：考えすぎると手足が同じ側に出てしまうことがありますが、特に悪いことはありません。覚えるまでは、普通に歩くところから少しずつ足の幅を広げていくようにすると感じが掴みやすいでしょう。

大きく飛ぶのではなく、
着地の瞬間に、水溜りに
気がついて一歩飛び越え
る感覚です。

後ろの足について

大きな相手を目の前にすると「より強い力を出さねば」と、つい力感のある運動を選びたくなるのが人の常ですが、前にも書いたように、地面を押すことによって発生する力は、体を固定し動かなくなる働きを得るのと同時に、私の体重という大きな力を自らが背負うことになるしろものです。（後でも繰り返しますが、これが絶対に悪いというわけではありません。ただもしそれらの運動を採用するのであれば、それに合わせた練習が必要になるはずです。それが韓氏意拳にありません。ですので、いくら自然にと言ったところで練習もしていないことをすれば、あまり良い結果は得られないでしょう。）

瞬間的に運動状態とは真逆の状態、つまり居着いた状態となります。

相手にこちらの動きを悟らせない、そして韓氏意拳の運動とは外への力の拡散ではなく、更なる〝状態の高まり・集まり〟によって生まれるのです。

相手に動きを悟らせないためにも、韓氏意拳の外側へ拡散せず、内側へ向かう運動を採用しています。

韓競辰師は状態の集まりから高まりを「聚攏《ジョウロン》（集まり）から更聚攏《ゲンシュウロン》」と解説してくださいました。これはやはり集めて散らす、集めて散らすを繰り返し行うことを戒めたものです。

ちなみに聚攏の意味ですが、用語をネットで検索してみるとおそらくブラジャーの画像が沢山出てくると思います。

「このブラは寄せ集める能力が高い！」という宣伝なのでしょう。〝なるほど〟と思ったことを覚えています。

良い例は外側が状態に入っている感覚があり、運動が始まる瞬間に更に集まります。ただしこれは動作についての話ではなく、状態上の変化についての話です。悪い例の話は拡散動作、つまり動きの話も含みますが、良い例は純粋に状態のみの話です。動作と状態を混同しないように注意しましょう。ここは「混ぜるな、危険！」です。

状態の高まりについて、空気を状態と仮定して、パンパンに空気が詰まったバレーボールを例にとって説明してみましょう。

悪い例はバレーボールの表面を切りつけるようなものです。切れ目から空気が漏れてボールは萎んでしまい、もう弾むことはありません。つまり〝状態〟はなくなってしまいます。

良い例の方はと言いますと、パンパンに空気の入ったバレーボールをさらに圧縮して、より小さなハンドボールやテニスボール位まで小さくしたものだとイメージしてください。実際に可能かどうか分かりませんが、中の空気量は変わらないまま小さくなることで、よりパンパンになり、よく跳ねそうな、力を出せる感じがしますよね。

この、いつでも弾めそうな力＝状態が常にあることが大事なのです。

ここまで説明してきた形体訓練や站椿などと同様に、運動の根本には〝状態〟があり、その〝状態〟の密度をさらに高め、具体的には縦に縮むことで足が上がり、歩みとなるわけです。それが私たちが行っている故意あるいは無意識に地面を蹴る移動とは根本的な違いなのです。

通常の拡散動作は、動くことで、内側に高まった圧が抜けてしまいます。

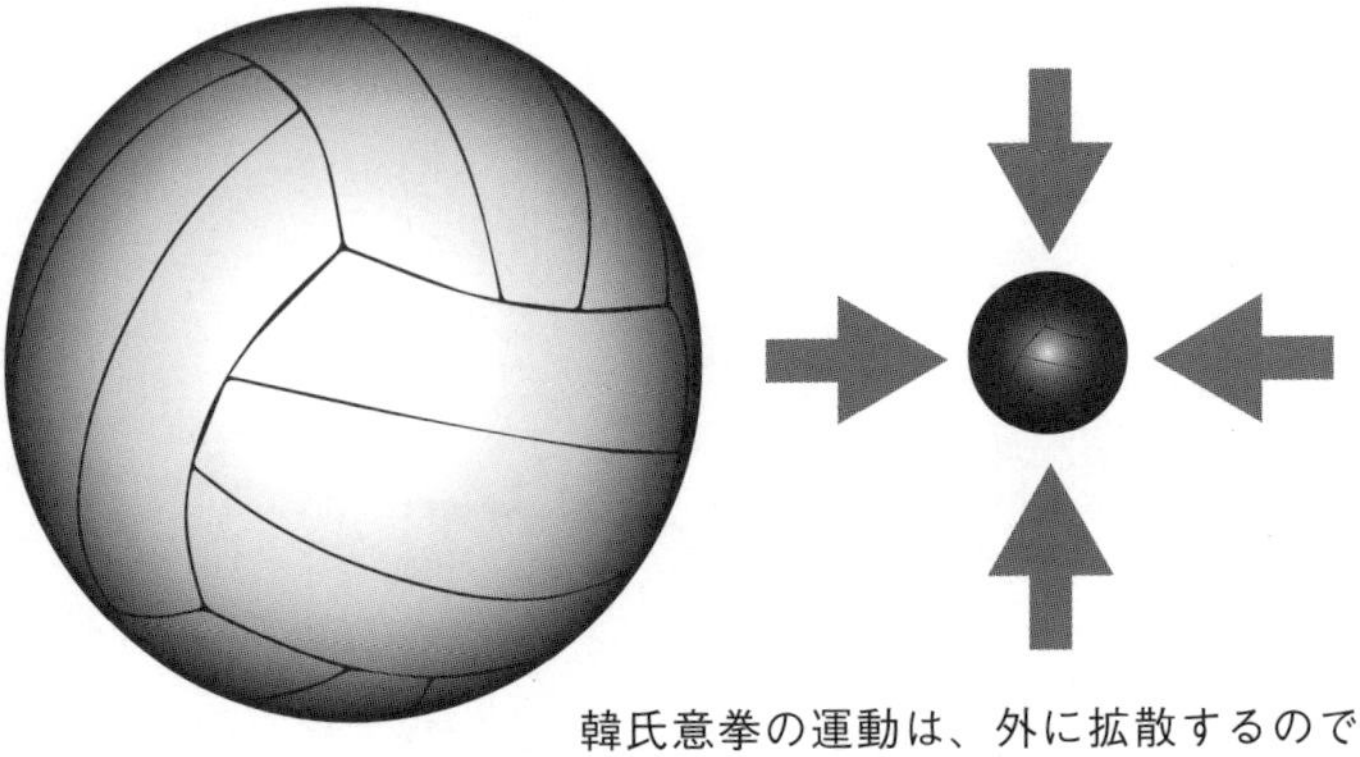

韓氏意拳の運動は、外に拡散するのではなく、内に状態を圧縮することで生まれます。

ここで例に挙げたバレーボールは、あくまでも一つの例えに過ぎませんが、状態を理解する一つの助けになればと思います。

コントロールを手放す

歩法は、いままでの訓練法に比べて動作も多く、大きく複雑になってきますので、つい動作に注目してしまいがちなところですが、そうした変化は同時多発的に常に起きています。その一つ一つを追い始めると「あちらが変化すれば、関係してこちらも同時に変化する。それに関連して、また他も同時に変化する……」と書いても訳が分からなくなるほど要素が多く、動作自体も複雑になるため、それをコントロールしようとすればさらに複雑さを増し、動作がギクシャクしてしまいます。

ギクシャクすると〝もっと巧くコントロールしなければいけない！〟と感じますが、実はここは、一度そのコントロールを手放さなければいけない場面です。

私自身、練習していて「ただ行う」ことほど難しいことはないのではないかと感じていますので、教室で「ハイ、ここは気合で乗り切って、ただやってみましょう！」と言うことにある種の罪悪感を感じてしまう部分でもあります。

そうした指導の中で見つけた、比較的この「ただ行う」を体感しやすい方法をここでは紹介しておきましょう。

私は歩に迷った時は、

「足が生えて、動くことに感謝しながら、ただ歩いてみてください」と言っています。もう本当に歩くだけでいいです。

そう言われても考えてしまうものですが、失恋の痛みと同じで時間が解決してくれます（えっ？）。

歩くことは、我々にとって強く習慣化されている行為ですので、安心して「歩くという行為を考えなくなるまで」とにかく歩き続けてください。

考えているかどうかも考えなくなった時が、

〝考えていない歩〟です。

そのモードに入れたら、次は観察してみてください。

自分がどのように歩いている時、どのような感じがするのか？
それが、歩法の要点を掴む最高の教材となります。
そこまできたら、今度はもう一度歩法の型に戻って行ってみてください。
また迷ったら、何度でもこれを繰り返してみるとよいでしょう。

何気なく歩いている中で観察をするということの練習ともいえない練習は、「歩くという行い」に対する干渉と、「歩いている際の感覚」を観察することが別物であることを理解する助けとなってくれるでしょう。

韓氏意拳の歩法はフットワークではない！

英語圏の方の言語感覚は分からないところがありますが、もし私が英語で韓氏意拳を解説する機会があるとすれば、歩法についてどのような言語を充てるのか迷うところです。

直訳的なとらえた方になってしまいますが、フットワークを〝足の仕事・活動〟として翻訳してしまうと、韓氏意拳の歩法についての理解が浅くなる心配があります。

というのも歩法において足が仕事をしないというわけではないのですが、それを言うのならば、站椿においてもフット（足）はワークしていますし、もちろんハンドもワークしてます。

つまりどのような行為であっても全身が参加しないことなどないのです。

全身が協調して均衡を保っているとも言えます。

この全身が均衡を保っている状態にある変化が訪れると〝歩〟つまり運動が生まれるのです。

そしてこの歩法が足の仕事ではないことを理解し、掴み味わう練習が〝重心転換〟です。

ただこれが、見えない重心を扱っているだけに、文章に書きづらく、画像・動画でも分かりにくい練習となっています。

ここは残念ながら実際に触れてお伝えする過程が重要となるところです。

とはいえ、「以下口伝」では寂しいので、持てる能力の全てを注いで解説しましょう。

平《ピン》歩《ブー》重《ジョン》心《シン》転《ジョアン》換《ファン》

左右対称形の平歩は重心の転換を捉えるのが比較的容易です。
形はほとんど変えずに左右に重心が動く様子をよく観察しましょう。

01　足を肩幅より少し広めに開いて、立ちます。
02　手を肩の高さ程度に左右へ広げます
03　左右に重心を転換します。

01

02

03

大式樁重心転換（前後）

01　大式樁で立ちます。大式樁は150-151頁をチェックしましょう。

02　後ろに向かって重心転換を行います。一回一回安定に戻っているのかチェックしましょう。

03•04　前へも同じ感覚で行います。

※後ろのほうが力みなく行えるので平歩→後ろ→前の順番で行いましょう。

実際に動こうとするが足は上げない感覚。分かりにくい場合はパートナーに肩と臀部に手を置いてもらって、動いた際に同時に当たるか試してみてください。足まで体がつながっていないと多くの場合は肩のみが動いてしまいます。腰のみ動くのも全体性に問題ありです。

重心から動く！

ここで紹介した重心転換は、動こうとするが足は上げない感覚で行います。前の頁（191頁）の写真のように、パートナーに肩と臀部に手を置いてもらって動いた際に同時に当たるか試してみてください。足まで体がつながっていないと、肩や腰のみで動いてしまいます。

この練習は、重心の転換↓足を上げるという形状の変化↓実際の体重移動という過程によって行われる歩法の「重心の転換」のみを取り出して行い観察する訓練方法です。つまり移動・歩行は始めに足に力を入れて歩いているのではなく、まず重心が動いて、それに体がついてくることによって歩という運動が生まれていることを体験し認識していきます。

実際にはこれらは同時に行われるのですが、足に力を入れてしまうと形が崩れてしまうので動ける状態を継続的に保つことが難しくなってしまいます。ですので、韓氏意拳では歩き出す前に重心の転換を行います。

転換のポイントは中心に帰ってくることにあります。平歩は比較的容易ですが、大式は均衡が取れていないと崩れやすくなります。さらに力を入れて形を崩してしまうと、より自然には戻ってくれません。どの段階でも同じことが言えますが、新しい段階の練習を行うことで均衡が崩れるようであれば、前段階の大式の練習が不十分である証拠です。一度大式に戻るか、平歩に戻って練習しましょう。

部分に分けて歩の運動を分析・解析すると、「歩とは足で行っている」、つまりフットワークだと考えてしまいますが、全身運動状態での足の役割は体をまとめること（つまり地面とは反対側へ動く）であり、結果として体を支えることの二点です。

この働きを観察したい場合も、ただ歩いてみてください。

ただ歩いている際も、おそらく計測器で計れば地面に対する反作用もあり、歩く時は地面を蹴っているという結果が出ることでしょう。ですが、それは故意にそうしているわけでは無く、改めて歩行中の自分の感じに注目してみると、足はただ上がっているだけであること、まるで地面に対して浮いているような感覚を味わうことでしょう。

「いやいや、どれだけ注目しても私にはそんな感覚は無い！」と言う方は、センスがないわけでもなく、注目や努力が足りないのではなく、恐らく私の解説が間違っているわけでもなく、考えすぎてそもそもあるべき〝状態〟が足りない可能性が高いです。

〝状態〟については、度々、いやそれについてしか書いていないくらい書いてありますので、お手数ではありますが、この本の最初から読み直して再チェックしてみてください。

足の運用

ここまで、韓氏意拳の歩法について書いてきましたが、運用面において、足から力を伝えて力を出す方法を否定するものではありません。それもまた力です。

ただ韓氏意拳の運用においてはそれらを採用しません。

なぜならば韓競辰老師が「力を入れる習慣から〝状態〟を常に保つこと、それを終始一貫することが韓氏意拳の原則」とまで力説するのが状態です。

力を足や肩などから動作を伴って手に伝えてしまうと、纏まりとは真逆の〝状態〟の拡散が起こります。

そして速い動作では力がなく、力を入れた動作では運動の開始が遅くなってしまう問題が生じます。

ですが〝状態〟の価値は、力、速さ、敏捷性が一つ一つではなく、状態の変化によって一まとめに高まるところにあります。

それを韓競辰老師は中国語で、

「一歩到位」

（※一歩で到る、つまり一つで何でもといった意味、なにかのＣＭで「匂いも汚れもこれ一本」というような表現がありましたが、中国語で表すとしたら「一歩到位」になるかもしれません）


と表しました。

もちろん韓氏意拳でも、手法、身法、そして歩法と運動の解説をする際に分けて解説をすることはありますし、本章の歩法篇のように、それ単独で行う段階もありますが、それらはあくまで理解・練習の為で、それぞれを単独で用いることはありません。


ただあえて三つに分けて語るとすれば、運用面においては歩法が一番重要です。

自らの体重を相手に与えるのが韓氏意拳の打撃です。

実際には打撃というより安定した状態での衝突と言ったほうがイメージに近いかもしれません。

それを行うに、仮に手が一定の位置から動かなくても、身が左右に変わることがなくても、歩があれば可能となる為、歩法が一番重要となります。

歩法の話になってきますと、動作の話であったり、感覚の話であったり、状態の話であったりが複雑に交差します。

このあたりも韓氏意拳が「難しい」と言われてしまう原因の一つだと思われますが、最終的には自ら汗をかいて毎日練習して、よい例を体験し、わるい例との差を認識するというプロセスを得ない限り、机上の空論のように聞こえることでしょう。

しかし、もし韓氏意拳に興味があるのなら、あれは「酸っぱい武道だ」と言う前に、もうちょっと、あとちょっと練習しましょう！

遊び稽古07　重心転換を感じる！

解説でも苦労しましたが、歩法のキーになる重心転換が特に分かりづらいといわれることがありますので、それを解決するための遊びを紹介します。

1　二人で向き合い対峙して立ちます。
2　バスケットやサッカーの一対一での抜き合いのように左右、右左とフェイントを繰り返します。

３　足は基本は平歩で行いますが、自由に動かしてもＯＫ。多少前後したほうがやりやすければ、それもＯＫ。

※実際に抜き去るところまで行う必要はありません。もし行う場合は接触による転倒に十分にご注意ください。

この遊びのポイントは相手が反応してしまうほど、真剣に行うことになります。パートナーの反応で上手くいったかの成果を得るので、しっかりと相手を観察し反応しあいましょう。

活力充満、相手を如何に騙し置き去りにするかの真剣勝負です。

動きたい様に足を動かすのは構いませんが、足で体を動かしているとフェイントは上手くいきません。状態がなければ遅い動きになるので相手の反応は引き出せません。いろいろ試してみましょう。試行錯誤している間に「おっ！今のはなんか上手く行ったような気がする！」という体験から重心転換とはなにかという事を理解する助けになることでしょう。

パートナーの運動が上手くいった場合は、それを伝えてお互いを高め合うと良いでしょう！

第6章のまとめ

歩法の練習はいかがでしたか？

歩法の練習が上手くなる秘訣は、一歩出して止まるごとに「站樁」のごとく体に注目することです。一歩出してすぐに次の一歩を出すのではなく、一歩出したらちょっと止まって次の一歩を出せる安定した体勢、足の裏が持ち上がっているようなまとまった状態を保てているのか？　それとも動いたことで壊れているのか？　をセルフチェックしてみてください。

一回一回のチェックは慣れてくれば一秒に満たない時間ですが、その習慣の蓄積が上達速度の差を生みます。ただし速度の差はあれど上達に近道無し。沢山練習し、沢山チェックしましょう。

次は拳式です！

コラム　「体の声を聴こう」

「体の上手い使い方」ができれば努力をしないでも、コツさえ分かれば上手く行く！というのが昨今の流行のようです。

〝なんでも効率よくやりたい〟

〝無駄な努力は避けたい〟

と考えるのは人の性かもしれません。

私もそう思います。

私の師である韓競辰老師も以前書かれた論文の中で以下のように説明されています。

長い間、多くの武術を学ぶ人々は、「練習時間と練習回数」を武術のレベルの基準とし、そしてもっと時間をかければ、自分の武術の技術はさらに熟練し、上達すると考えているようだ。（中略）上述の「常識」によって寒い冬でも、厳しい夏場でも毎日一つ一つの動作を繰り返して練習し、考えずに出来るほどまでやっているが、実際の応用となると練習した動作を出すことが出来ない。あるいは予想した効果が全くでないということが多い。

それはなぜだろうか。この「常識」が間違っていたのだろうか。そうではない、この「常識」そのものは間違ってはいない。しかしこの「常識」を武術練習の基準とすることは間違いだったのである。（中略）極端に言うと、間違った練習を繰り返せば、間違った武術の達人になってしまうだろうということだ。この道理が分かれば、武術の練習をする際に上述の「常識」への考え方に気をつけなければならないことが分かるだろう。種は石の中に蒔くか土の中に蒔くかによって結果は全く違ってくるだろう。私は素晴らしい目標よりもまずは先に合理的な練習形式を選ぶことが一番重要だと考えている。

最後に、武術に希望を持っている友人たちに一言申し上げたい。それは「慎重に」ということである。

（韓氏意拳学会ＨＰ　韓競辰師　拳学論文「時間＋汗＝功夫？」より抜粋）

私自身は「何が間違った武術であるのかは、やってみなければ分からないのであるから、なにか縁のあったものから始めてみるしかないのでは？」という考えですが、師が何故このようなことを述べなければならなかったのかは分かります。

ですがあえて読者の方々に、特に韓氏意拳をすでに学んでいる、これから学ぼうと思っているという方に私から申し上げたいのは「汗をかかずに手に入る物などない」ということです。

良縁あって合理性のある武術に出会っているにも関わらず、汗もかかないで「どのくらい練習したかは関係ない。中身が重要だ！」などと能書きを垂れて練習を全くしないようでは、なにも手にすることなく時間だけが過ぎていくことでしょう。

確かに「習い始めてからの時間＋年数＝功夫」ではないようです。

じゃあ「頑張ろう！」と実際に練習を始める段階になると、普段運動から遠ざかっている人は、練習が億劫に感じ、その辛さに音を上げそうになるでしょう。誰しもがそうです。もしかしたら、

「私は運動が苦手」

「私はもう歳だから」

というような言葉が頭に浮かんでくるかもしれません。

しかしここで私から質問です。

それは体の声でしょうか？　それともあなたの頭の声でしょうか？

最近の練習の中で私が勝手にへこたれそうになった時、私自身の体は、

「私はまだまだできるよ」

「あなたと私の能力はそんなもんじゃないよ」

と言っているように思えてなりません。

「だからあなたの体も言っているはずだ！」

とは論の展開としては強引に過ぎるかと思いますが、武術家になりたいというようなことでなければ毎日時間や回数は少しずつでも良いので、あなたも〝体の声〟に耳を傾けてみてはいかがでしょうか。

私は高らかに、

「良縁 ＋ 時間 ＋ 汗＝功夫！」

を宣言するものであります！

一回の講習で教われば身に付くようなコツもよいですが、骨身に染み込む位のコツコツした〝努力〟の先にあるものこそを「真のコツ」と呼ぼうではありませんか。

※注意事項　体が〝辛い〟というのはただの運動不足なあなたや私の声の可能性が高いですが、体が〝痛い〟というのはちゃんと聞いて練習をストップしてあげなければいけません。そこは〝慎重に〟です。夏場は熱中症などに気をつけましょう。

第7章

〝基本拳式〟

拳を打つ！

今回は「拳式」となります。

拳式とは主に手法を学ぶ段階で「拳法」へとつながっていきます。

しかし本項も前項の「重心転換」同様に少々解説の難しい「U形転換《ユーシンジュアンファン》（ゆーけいてんかん）」という練習があります。

これ無くして韓氏意拳の拳は語れない程重要な練習なのですが、今までの練習をみっちりやっていなければ（やっていても？）、動きが地味すぎて何をやっているのか、全く分からないかもしれないこの練習、一体どうやって皆さんにこの練習の意義を伝えればいいのか悩むところですが、全力で挑戦してみます。

拳式の3つのポイント

ここで登場する要素は、

①　U形転換
②　手を引かない
③　指先の向きの再点検がもたらす効果

です。

①　U形転換とは何か？

まず初めに一番厄介なU形転換から始めなければなりません。
普段の講習では接触による感覚で「こんな感じではなく、こんな感じ」と伝えている
このU形転換を、文章のみで解説するのは非常に億劫で、連載時になかなか書き進まなかったところでした。

U《ユー》形《シン》転《ジュアン》換《ファン》

01　肩幅くらいに足を開いて立ち、両手を肩の高さ、肩幅で出します。
02　どちらかの手（写真では右手）を前に出します。
03･04　次に反対の手を前に出します。左右交互に出すことを繰り返します。

U形の名前の由来ですが、手を出した形を上から見ると、手と肩をつなぐラインがアルファベットのUの字に似ていることによります。

01

02

03

04

遊び稽古 番外編　U字転換のチェック法

01

02

NG

01　体の正面に両手を出し、パートナーに両手首を掴んでもらいます。
02　持たれた手を気にせず手をこすり洗うように動きます。抵抗なく動けたら良い感じにできています。

対抗的に動くと力みが生まれる。

なぜ書くのが億劫かというと、書くのが難しいからではなく、書くのはとても簡単だからだったりします。

この練習方法は、形意拳や意拳に伝統的に伝わるものではなく、韓競辰師の個人的な経験から編み出されたものです。

ですのでＵ形転換の名前も韓競辰師が命名されました。

韓競辰師のオリジナルであるこのシンプルな動きの中に韓氏意拳における拳の核心が詰まっているのです。

②Ｕ形転換は手を引かない

先に説明した「どちらかの手を前に出します」の際は、反対の手は故意に引いたりしないことがポイントになります。

韓氏意拳では基本的に出した手は引きません。

その一打で闘いが終わらなければ次の一手はどうするか？

その一打を生かして反対の手を出します。

少々極端ですが、左は手を引いてしまった例。これでは防御ができず、攻撃をしようにも距離が遠い。右は手を引かない例。相手の腕を防ぎつつ、そのまま攻撃することが可能です。

韓氏意拳においては、手を引く行為は、

「手を出したことによって奪った空間的優位をタダで相手に返還することになる為、非常に勿体ない」

と考えます。ですので手を引きません。

運用においてはただ引かないだけでなく、先に出した手によって生まれた優位（空間占有）を利用して、攻撃を進めること、ここが韓氏意拳における重要なポイントです。

今までの練習において、ある程度以上に体がまとまった感覚とそれに伴うまとまった運動状態の維持、保持を行うことができれば、結果としてこのU形転換の練習でも、全体のつながりが生み出す肘と膝などを代表とする、上半身と下半身の「協調連絡」とも言えるような感覚が感じられることだと思います。

よく分からない時は、第1章で書いた形体訓練と同じく取りあえずやってみることが重要です。

取りあえず「騙されたと思って」とまでは言いませんがやってみてください。この練習は特に拳を交互に突き出す練習を多くされてきた方にとっては、その習慣から韓氏意拳の攻防習慣へ切り替える際に、欠かすことのできない大事な練習になります。

時間に特に意味はありませんが、1分では短く5分では飽きてしまうかも知れませんので、３分位を目安に行ってみてください。

実際に行ってから続きを読みましょう。

……３分後

どのような感覚でしたでしょうか？

さあ次の段階です。

③ 指先の向きの再点検がもたらす効果

ただ手を引かなくても、実際に連打として打ち続けるのには指先の向きが重要となります。

蹲起や上下試力などの注意点として「指先は前」と書きましたが、その習慣が身に付いているかが試されます。

拳式では前段階の練習よりやや複雑な軌道を描きますので、軌道やその他の要素に気持ちが奪われていると指先の向きにまで気持ちが行かなくなり、気持ちを持っていってもよく習慣化されていないとぎこちない動作になってしまいがちです。

動作についてはよく練習さえすれば、つまり慣れればいずれ改善されますので難しく感じても気長に頑張りましょう。

打ち込んだり、相手の打撃を防いで接近している場合、触れている手の指先が前、具体的には相手の中心を向いていない場合はそのまま打つことが難しくなります。

反面しっかりと相手の芯を向いていれば相手を制しつつ、リスクが少ない条件での打撃が可能となります。

微妙な手首の角度なども基礎は站椿・試力で学んだ通りなのですが、実際に人と手を触れて練習することで効果を実感しやすいので、よい練習相手を見つけて研究してみてください。

01

02

01　自分の左手の指先が対手の中心に向いているので、
02　そのまま打撃が可能です。

左手が相手の手を払い除けることに気持ちが取られて、指先が外を向いている。これでは自分の打撃を出せません。

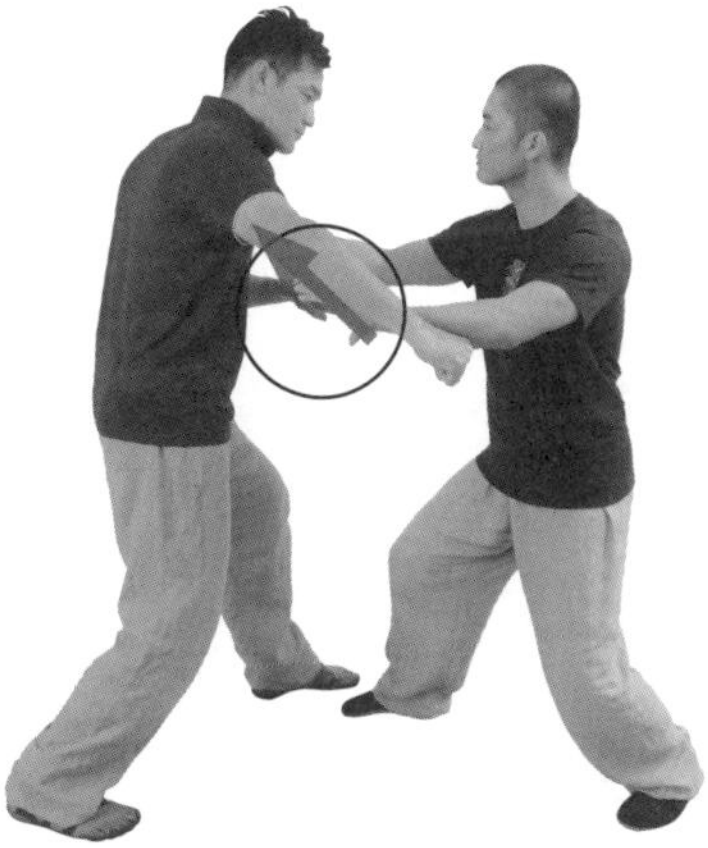

基本拳式《チーベンチェンシー》

拳式は今まで、形体訓練、試力、技撃椿などで培った能力が融合していく過程となります。きちんと一つ一つの段階で掴むべきところを掴んで練習してきた方は、スムーズに進むことができることでしょう。

またある方にとっては「難しい」「ちょっと馴染めない」と感じるかも知れません。もしそのように感じたのであれば、練習を深めるチャンスです。

なぜチャンスかと言えば、前段階で何を学ばなければいけなかったのかがはっきりするということにあります。例えば、

- 運動の軌跡がうまくいかない場合は形体訓練へ
- 状態の継続に問題ありと思えば試力へ
- 左右の転換（転体）に問題ありと思えば技撃椿へ

など、以上は一例ですが、それぞれの段階に戻ってより注意深く練習することで、より拳式の練習に味わいが出てくることでしょう。では、実際に拳式を行いましょう！

自上而下《ツーシャンアルシャー》（上から下）

01　足は肩幅に開き、腰を下ろします。
02　両手を前に揃えて出し、上から下に向かって動き出します。
03　下（お臍のあたり）まで来たら、横からみて円を描くように回しあげます。
04・05　以上を繰り返します。

自上而下《ツーシャンアルシャー》

（上から下・U形転換）

動きに慣れたら、回す動きはそのままにU形転換を行います。

U形転換の作用で左右が前後入れ替わるようになり、より立体的な運動が現れるはずです。

この運動では特にポイント③（210頁）で挙げた指先の向きが重要です。基本的にずっと前を向いて行います。

この動きを例えるとすれば二つ、一つは両手で大きな抽選器（商店街などの催しで見かける、回して赤や金の玉が出る器具）を回すような感じ。

もう一つは、四足の動物（特にネコ科の動物など）が疾走する時の躍動的な運動です。

肘が体側のラインを越えて、後ろに行かないことに注意！

自下而上《ツーシャーアルシャン》
（下から上）

01　足は肩幅に開き、腰を下ろします。両手を按式の高さ（お臍当たり）に手のひらを下に向けて揃えます。

02　片手を上に（眉の高さくらいまで）。反対の手を下に。

03・04　これを交互に繰り返します。

この運動には自然にU形転換の要素が含まれています。

もし含まれているように感じないならば、そのことで状態に問題があることを教えてくれる動きと言えます。

※運動の全体の軌跡は形体訓練で行った「川掌」とお臍から下に行かないことを除いてはほぼ同じになります。

中《ヂョン》路《ルー》向《シャン》上《シャン》（中から上・U形転換）

01　足は肩幅に開き、腰を下ろします。両手を胸の前抱式のように揃えます。

02　両手の掌が前を向くように返しながら上にあげます。

※バレーボールのオーバーハンドトスのようにも見えるかもしれません。

03･04　上げたら返した手を戻しながら胸の前まで降ろします。以上を繰り返します。

05–10　動きに慣れたら、手を上げる際に右、左とU形転換を行います。肘を上げずに、上方に楔を打ち込むような形状になるのもポイントの一つ。手は前ではなく上であることもポイントです。体の傾斜に合わせてやや前方に向かうのを止める必要はありません。

07
08
06
09
10
05

中路《ヂョンルー》（中）

01　足は肩幅に開き、腰を下ろします。両手を胸の前やや下で抱式のように揃えます。

02･03　片手を鳩尾の前方やや上方へ出します。

※実際には意識的にそのようにするわけではなく、状態があればなります。

04･05　交互に繰り返します。

ポイントは手を出すのは左右試力・技撃椿のような左右の働きによること。

※主に握拳で行いますが、後段で解説（222頁）しますのでご参照ください。やりにくいと感じたら慣れるまで開掌で行いましょう。

錯位歓迎《ツォーウェイファンイン》

01　足は肩幅に開き、腰を下ろします。両手を胸の前に出します。

02　両手のひらを一度打ち合わせます（拍手のように、この部分が“歓迎”）。

03•04　続いてU形転換を行いつつ手のひらを打ち合わせようとし空振りします。

（右手を前に出せば、左手が後ろになりスカッと外れますね。この部分が“錯位”。）

05•06　もう一度手のひらを打ち合わせて、反対側も繰り返します。

練習法

別角度

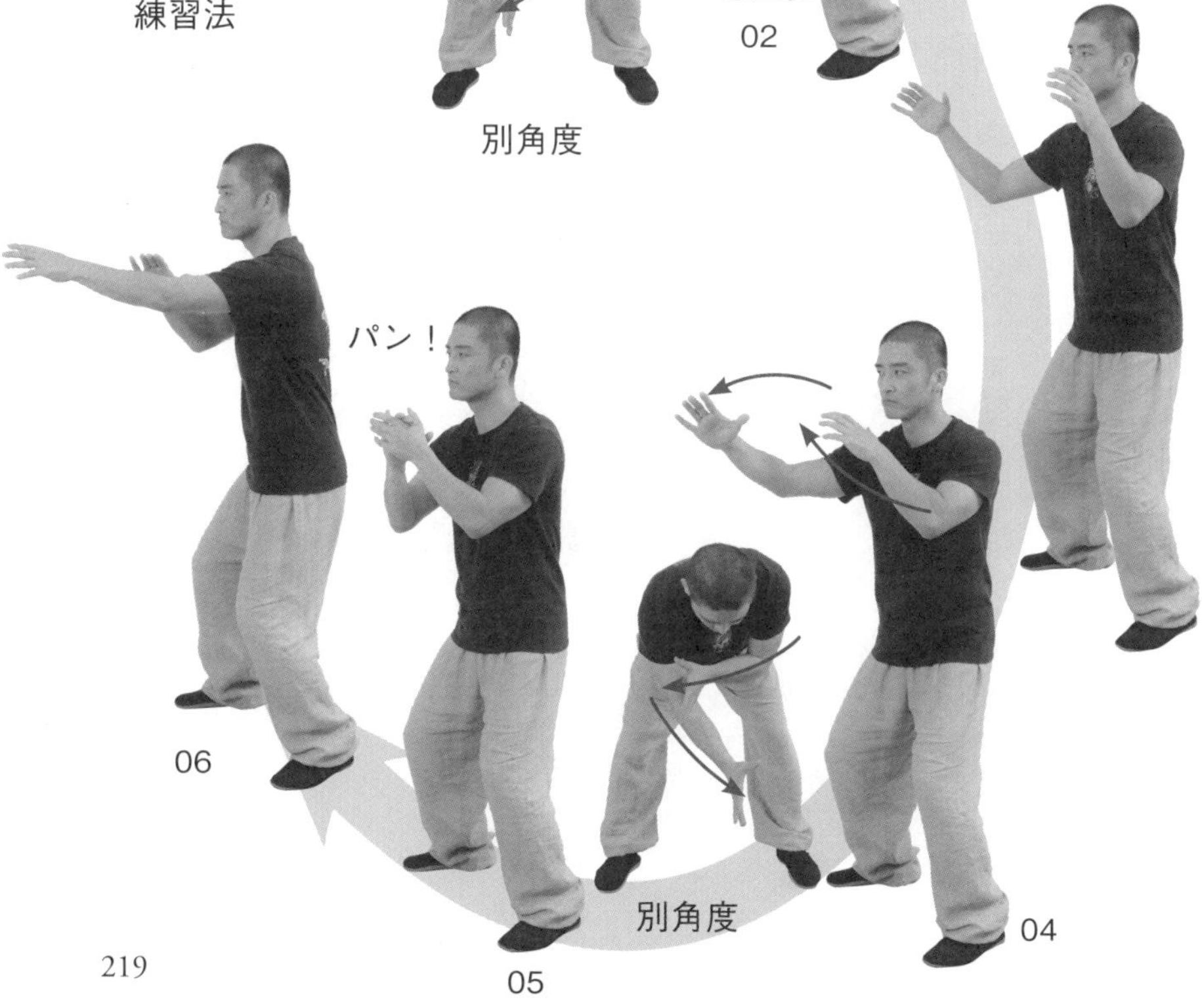

別角度

横拳《ハンチェン》（横）

横拳は錯位歓迎を踏まえて行います。

01　足は肩幅に開き、腰を下ろします。両手を胸の前に出します。

02•03　U 形転換で手を前に出します。

04　出たと同時に横方向に拳を練り入れます。（首を刈るようにという教えあり）

05-10　左右繰り返します。

ポイントはいわゆるフックのように直接横に出したり、肘を開いたりせずに直接前に出しつつ横方向に打つところにあります。韓氏意拳では（そのままですが）「直出横撃」と呼びます。

直出横撃の軌道　　一般的なフックの軌道

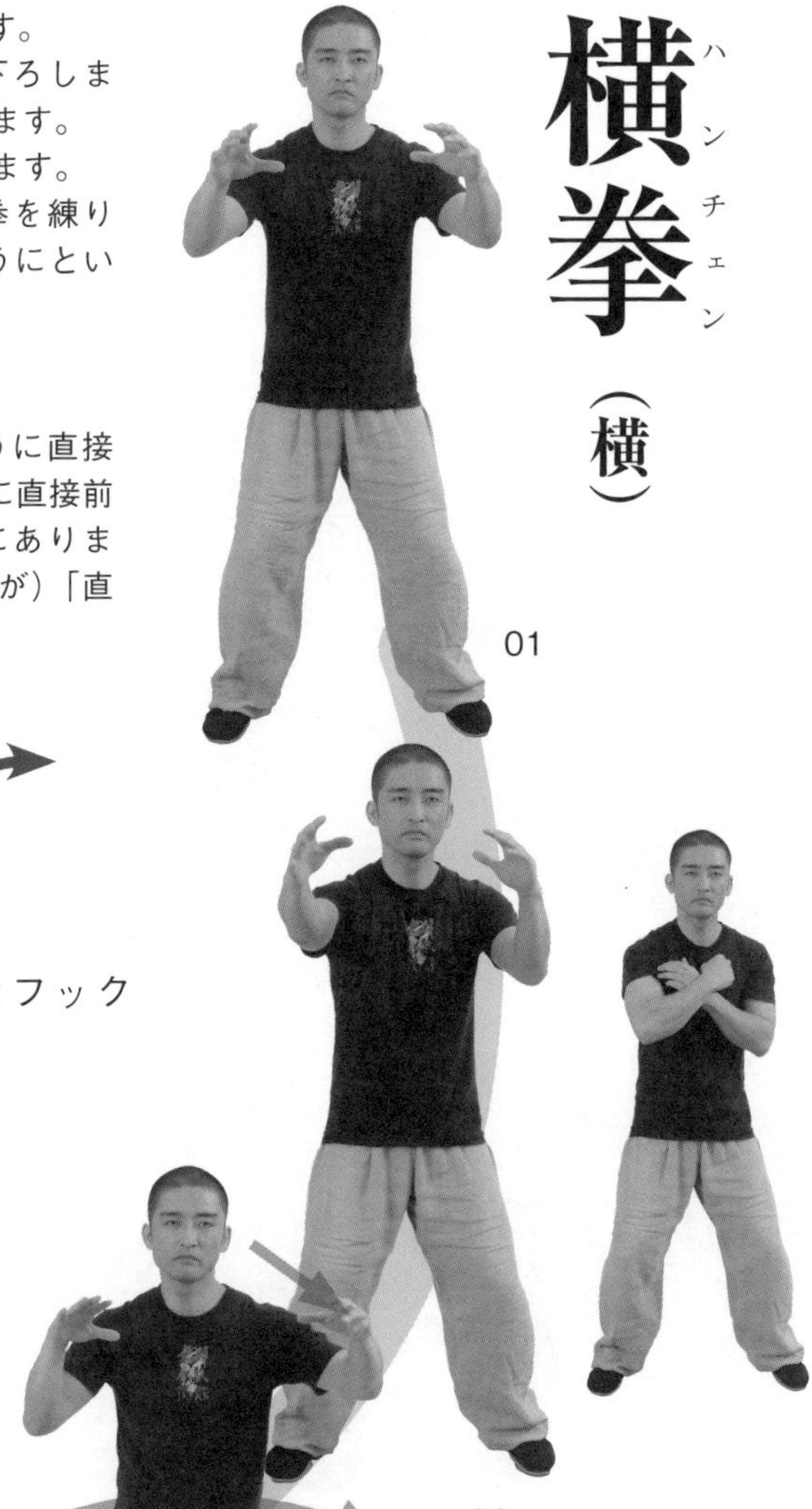

右は握り込んで拳を作る例。撃つ方向とは逆の手前に力を引いてしまっている。左は指先方向へ腕が進みながら拳を作る例。撃つ方向へ力が向いている。

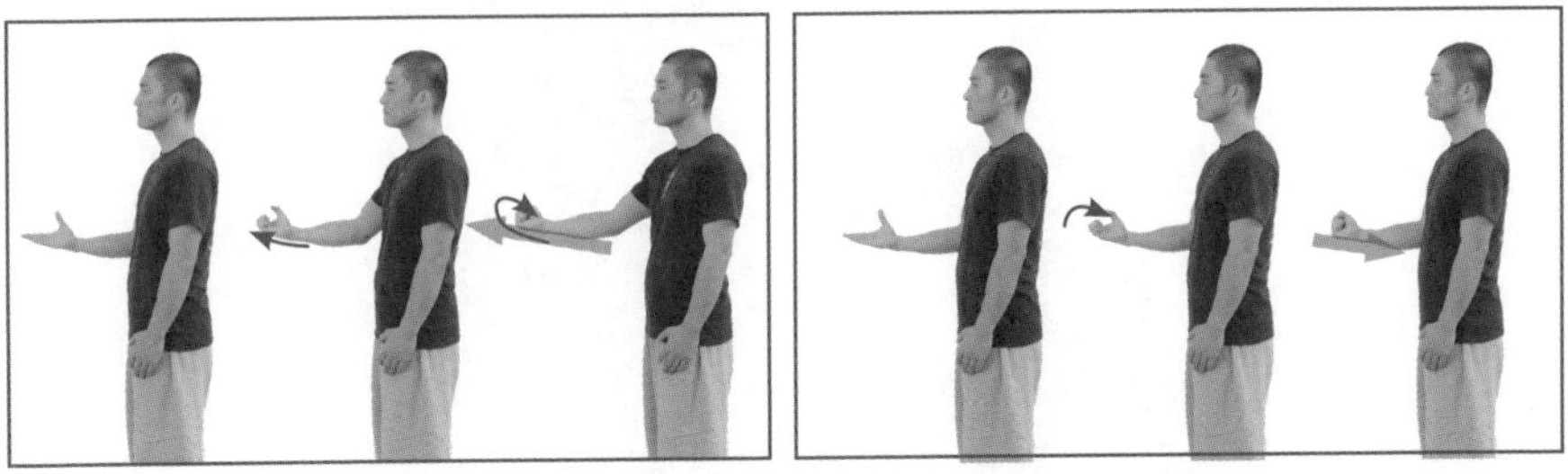

握拳は巻き餅のように！

韓氏意拳の打拳の拳は、指先を引いて握りこむのではなく、末端の指先に丸め込まれて行くように進みながら握っていく。握る行為も下がることなく空間を占有していく力とすることが特徴です。

遊び稽古08 殴ってみよう！

韓氏意拳には、対人練習がほとんどありません。徹底的に自身のことをどう修めるかに終始します。

しかし韓氏意拳のみを数年練習している方に、

「ちょっと殴ってみてください」

と言って直接または防具などを装着して打ってもらうと「どうやって打てばいいか分からない」と

いうような方が多くいるのが現状です。

韓老師は「実際の相手は動きまわって、打ちに行くと避けようとしてくるので、止まったサンドバッグをいくら打っても実際に必要な要素を養うことはできない」と静止した物体を打つ練習を否定されることが多いのですが、今年の来日時に初めて伺ったところ「若いころ、父親にサンドバッグを打ってその感覚を体験してみなさい、と言われて打ったことがある」と仰っていました。経験なしに否定しているわけではなく、体験から「意味がない」とされているので、弟子としてはその意味を十分に考えてみる必要がありますが、経験はあるわけです。

ですので、後に続く我々も経験なしにいたずらに否定しても空虚な理論となってしまうのではないかと思います。あくまでも基本を理解する為の行為としての「試し」ですので、ただ打てばいいかというと基本の練習との関係が見えるように行った方がよりベターですが、始めから拘る必要はないと思います。物に当たる感触を全く知らなかったり、実際に拳が当たる距離感を実体験において知らないと韓氏意拳の練習の意味すら理解することが困難です。

写真のようにパートナーにどこにでもある座布団でも抱えてもらって、今回の拳式の体験をするのはとても簡単です。難しく考える必要は一切ありません。物から始めて、段階的に人に当ててみましょう。

01

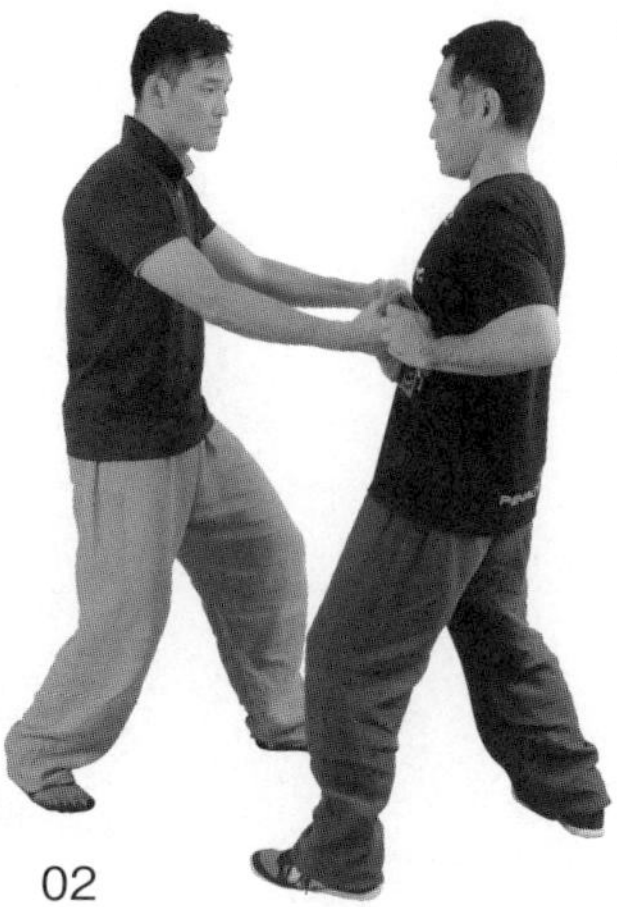

02

中から「中路」のような軌道で打ってみてください。

もし全く経験がない方なら初めは威力などは求めずゆっくり触るところから始めてみるとよいでしょう。当たる際に、手首が曲がらないようにご注意ください。

レベル1の打つ側の練習として紹介していますので、受ける側にダメージをあたえる必要はありません。打たれて痛いナイスな打撃と感じたら「座布団一枚」を増やしてください。

もし専用の防具やミットがあれば用いても良いと思います。

私自身は意拳にいわゆる実践的な練習がない理由は、もともと意拳が他の拳法から移って来た、様々な意味で「経験者」用であるからだと思っています。

平たく言うと「取りあえず殴り合いはもう練習するまでもない人用」でしょうか。残念ながら私はまだそのレベルには達していませんので、基本を理解するための原点からの試行錯誤が必要なわけです。

それに韓氏意拳学習者に限らず多くの人にとって人を殴るというのは非日常的な行為です。ですので、殴ることに慣れていないとできないということになります。

殴ることに慣れることが人生を豊かにするかは別問題として、韓氏意拳を理解するには、基本的な練習とともに「語られない当たり前」の体験値も上げていく必要があるのではないかと思う次第です。

第7章　まとめ

拳式で重要なポイントであるＵ形転換は理解できましたか？

動きの中で良くチェックしてほしいのはやはり肘です。腕立て伏せを思い浮かべていただければ分かりますが、肘の位置が体側より前にあれば比較的楽ですが、肘の位置が体側を越えてしまうと非常につらくなります。

力まずに安定するにはまずは位置関係が適切であることが第一！

どうしても肘が後ろに行ってしまう方は前後試力、上下試力やＵ形転換の練習をじっくり行ってください。

一人での見極めが難しければ、動いているところを横から動画を撮ってチェックするのも良いでしょう。

コラム　「量より質？」

前に紹介したコラムと重なる話が多いのですが、大事なことなので二度言いました的に「量」と「質」のお話です。

よく武術の世界では〝量〟より〝質〟を重視する話を聞きます。

私の先生で韓氏意拳の創始者韓競辰師も漠然とした練習を戒めます。

「私に何回練習したとか、何度目の練習であるとか、そのような報告は必要ありません。練習をしていてどの様に感じたのかを話してください」

とか

「（あまりよくない練習を繰り返している人を見て）あのまま繰り返すようでは、上海まで遣り続けて行っても意味がない」

という話をしてくださいました。

ちなみに韓競辰師の住む珠海から上海までは空路で１５００キロほどあるようです。

このような話を聞いたり、精妙な武術の技に接すると、確かに質が大事で、回数をこなす練習は意味がないんじゃないか？　意味があるとしても回数をこなす練習は下等で、質を大事にする練習が上質な練習だと勘違いしてしまいそうになりますが、それではある〝ポイント〟をどうするのかについて答えるのが難しくなってしまいます。

それは、

質が良いと感じる力はどの様にして手に入れるつもりなのか？

という点です。

私は現時点では、（どの様な導きがあろうとも）結果的に自ら回数＝量を行うことでしか、手に入らないのではないかと思います。

量を行う中で、質に目覚めて、一定以上の力量に達した人は、なぜか自らが辿った〝量の時代〟を悔いているのか、後に続く人が苦労しないようにという優しさなのか〝量より質〟の話をする方が多いように感じます。しかし、私はその人が行った〝量〟の中にこそ〝質〟の芽生えがあるのであり、もし〝質〟が欲しいのであれば、先人が辿った〝量の道〟を徒らに避けてばかりでは何も手に入らないのではないかと思います。

繰り返しになりますが、「量より質」の話をする実力者達は皆「量」をやっています。

騙すつもりもないのでしょうが、絶対やっています。

站椿の項では、「(私の失敗を踏まえて)なるべくならこれから学習する人には同じ轍を踏んで欲しくはないと願う」と書きましたが、何か手に入れたいのであれば、効率など気にせずに、その轍ごと踏み潰すくらいの気持ちで挑むのも良いのではないかと思います。

実際は「好むに如かず」で、無理やりやらされるよりは、「練習が好きで好きで仕方がないので量をやることが目的ではなかった」という位の人のほうが伸びることは伸びるでしょうし、人を育てるという意味では、そのように導いていくのが良いのではないかと思います。

ですが、たまに見かける〝量より質〟だと分かった顔をして、考えるばかりでたいした練習もせずに無為に時間を過ごしている人を見ると、こうして一言いいたくなってしまう私がいます（毎度のことですが、誰よりも私自身への言葉でもあるのです……頑張ります）。

多くの方にとってはこのような話は蛇足であり、毎日練習に明け暮れていることでしょうが、真面目で素直な方が〝量より質〟の話を聞いて、練習の手を休めるようなことが、あってはいけないと書いてみました。〝質〟について考えるのは、運動して手も足も重たくなってからで十分だと思いますし、細かいことは気にせずとも、やるだけでも身に付く力もありますから、その辺の埋めやすい伸びしろは、早く埋めてから〝質〟の世界に旅立つことをお勧めします。

典型行為も多いに越したことはないのです。

運動で汗をかくのは気持ち良いですしね！

駒井式　なぜか〝量〟の練習に取り組むことができない方に3つのアドバイス

① 明確な目標設定を行う！

倒したいのは誰か？　どんな感じ（人）になりたいのか？　毎回設定した目標に到達しているのかを鑑みればやる気にならざるを得ないはず！

② 回数を数える

地味で特別面白く感じない段階では、昨日よりも強くなったことを実感できなければ続かない。回数を数えたり時間を計ったりで成長を実感しよう！　記録の更新はじわじわと行おう！

③ 練習する場所を決める

家で練習できるのなら問題ないが、普段の環境だと気持ちの切り替えが難しい。どこか落ち着いて練習できる環境を見つけよう。部屋で練習するのならば、電気を消して真っ暗でやるのも面白い。

※練習が楽しくなったら、全て不要です！

第8章

〝拳法〟

拳法＝拳の五大要素？

いよいよ初級の総まとめ！　それが、

「拳法《チェンファー》（けんぽう）」

になります。

韓氏意拳の拳法は「崩拳、横拳、鑽拳、炮拳、劈拳」の五種類があり、名称は意拳の源流といえる形意拳の「五行拳」が元になっています。

ただし韓競辰師は韓氏意拳における五行拳である初級拳法を以下のように定めました。

「伝統拳術の中で私が最も評価しているのは形意拳です。韓氏意拳における初級の練習のまとめには伝統に敬意を表して五行拳とし、名称も五行拳をそのまま採用しました。しかしその形状や表したい内容は私が学んだ形意拳とは異なります。韓氏意拳における「五」とは木火土金水などの五行説とは全く関係がありません。○○拳は××拳に打ち勝つというような関係性もありません。韓氏意拳の拳の五とは「順逆・遠近・単双・反側（轉注）・

進退」、つまり拳の運用における五大要素を指しています。拳法の過程においてはこれらの要素を余すことなく含んだ運動を行うことで、実際運用中における拳の問題を解決していきます」

また

「五行拳で学ぶ拳の軌跡を学んでおけば、人と拳を交えるのに十分である」

とも。

さて何をもって十分と言えるのか、早速やってみましょう！

拳法の3つのポイント

①歩法、身法、手法の融合

一つ一つ積み重ねるかのごとく学んできた内容が融合を果たすのが拳法です。

なぜ結合や総合ではなく融合かといいますと、站椿や試力が先にあって拳法ができたのではなく、「打つ、ぶつかる」運動が元にあって、その運動の中に含まれる見逃してはならない重要な要素を抽出し段階的に練習し、元まで返ってきたのが拳法である五行拳なのです。ですから韓氏意拳では拘って融合と呼んでいます。

各拳の説明で便宜的に手法、歩法、身法の関連参考要素として記載していますので、学習にお役立て頂ければと思いますが、拳を打つ際に頭の中で手法、歩法、身法が分かれて存在せず、一つの○○拳になった時が融合を果たした瞬間となるでしょう。

各要素は打った後の「今の一動で足りない要素はどこにあるか？」の検討に役に立つと思います。

② 五行の把握

「順逆・遠近・単双・反側（轉注）・進退」

これらは技撃のそれぞれの要素となります。以下要素を書き出していきます。

・順逆　順は前の足と前の手が同じ側、逆は前の足と前の手が逆側

・遠近　遠い距離、近い距離

・単双　片手での出拳、両手での出拳
・反側　その場で迎え撃つ、その場で引き込み打つ
・進退　進んで打つ、引きつつ打つ

③ 技撃とは打つことのみにあらず

韓氏意拳における技撃とは、具体的な打つ行為や守る行為のみを指す言葉ではなく、より広義に自身という生命に危機が訪れた「機」のことを指します。

中国武術に「霊機一動鳥難飛」というエピソードがありますが、韓競辰師は「霊とは韓氏意拳でいう状態です。機には三つの側面があり、一つは危険を感じる危機感、一つは危機が近づいてくる緊迫感であり、一つは危機と近距離になることで生じる圧迫感がそれです。つまり状態があるところに危機が訪れて状態が高まれば、鳥が飛び立つことを許さないほどの速度で動けることを表しています」と解説してくださいました。

歩法でも触れましたが、一人練習のみであれこれと考えていると忘れがちになるのが、本来一歩踏み込んだ先には敵手がいること。そこには危機があり緊迫、圧迫が生まれます。その機こそが技撃なのです。

五行拳 崩拳《ポンチェン》

歩法：跟歩　手法：定歩崩拳　身法：左右試力、技撃椿

01　右手を前、右足を前の「順」に合わせて技撃歩（前 3：後 7）で立ちます。

02　左手を左右試力や技撃椿の要領で前に出します。

03•04　足はそれに連れて右足から前へ、左足も出した右足に付いて前に出ます。
左手が前、右足が前と互い違いになっているので「逆」となります。

05–11　続けて右手を前へ、右足も前に進んで順に戻ります。これを交互に繰り返して前へ進みます。

ひと通り繰り返したのち、左足側を前に変えて左右行います。

五行の要素では順逆・近・単・進などが当てはまります。

01

02

03

04

外から巻き込むように。

定歩崩拳・抽徹歩

五行拳 横拳《ハンチェン》

歩法：三角歩　手法：川掌、自下而上
身法：左右試力、技撃椿

01	右手を前、左足を前の「逆」に合わせて技撃歩（前3: 後7）で立ちます。
02•03	左手を左右試力や技撃椿の要領で動き出します。軌道は下から上へ。
04–06	足は後ろ足となる右足から動き出し、三角歩で歩き右足が前に出ます。手の高さは大体眉毛の高さ程度まで。
07–12	左右繰り返す。

五行の要素では順逆・近・単・進などが当てはまります。
身法を忘れずに行いましょう。

下からすくいあげるように。

12
07
08
11
09
10

五行拳 鑽拳《ザンチェン》

歩法：小車歩　手法：川掌、自下而上

01　左手を前に左足を前の「順」に合わせて技撃歩（前3：後7）で立ちます。
02　左足を外に返して踏みなおす。
03･04　歩を右足から小車歩で半円を描くように動きだし、同時に手にひねりをくわえながら上へ。
05　手の高さは胸から上まで。
06–08　右足を外に返して踏みなおし、左右繰り返します。

五行における要素では順・単・近・反側などが当てはまります。
足の踏みかえに注意して行ってください。

足を外に踏みかえる。

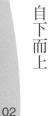

07
06
08
足を外に踏みかえる。
削るように。
05

五行拳 炮拳《バオチェン》

歩法：三角歩間接運用　手法：中路向上
身法：左右試力、技撃椿

01　右手を前に左足を前の「逆」に合わせて技撃歩（前 3: 後 7）で立ちます。
02•03　間接用法の一歩目で手が下がり、
04•05　三角歩で前進する際に手が上へ向かう。
06–12　左右繰り返す。

五行におけるの要素では近、双などがあてはまります。
「歩は前へ、身は左右、手は上へ」です。

08
07
06
09
10
11
12

五行拳 劈拳《ピーチェン》

歩法：赶歩　手法：前擺　身法：大式椿第二

01　左手を前に左足を前の「順」に合わせて技撃歩（前3：後7）で立ちます。

02　左手をやや外へ払い、同時に左足を外に返して踏み変える。

03•04　右手を前擺の要領で大きく下から上へ振り上げつつ、右足を大きく前へ踏み込む。右手は小指側から切り上げるように。

05　右手をやや外へ払い、同時に右足を外に返します。

06-11　左右交互に続けます。

五行の要素では遠・単・進などが当てはまります。

11
06
10
07
08
09

手と足が同時に終わるのもポイント。「意拳要點」で王薌斎先師は「手が至れど足が至らずば、人を打つ妙を得ず。手と足が至れば人を打つこと、草を刈る如し」と表現されています。

以上五つで韓氏意拳のストレート軌道、アッパー軌道、フック軌道、両手運用、遠い間合いへの対応が揃うことで、人と拳を交える際に頻出する行為「ベスト5」が出揃うことになります。これをもって韓競辰師は拳を交えるのに必要十分であると表現されます。

ただ十分なのは軌道についてのみの話で、実際の運用を考えた場合には、よく練習すること、様々な試しを精力的に行うこと、それらで見つかった悪い習慣は更なる練習で改めることが必要なのは言うまでもありませんから、語らないだけだと思われます。

続いてはそうした「師が語らない要素」について考えてみます。

幻想感覚に注意！

ある方が韓競辰師に「○○という武術では○○という要訣が重要視されていますが、

韓氏意拳においてはいかがですか？」という質問をしたことがありました。

それを受けて韓競辰師は「○○は特別なことではなく、当たり前のことです」と答えて、いらっしゃいました。

それを聞いた時は、それほど大きな衝撃はなかったのですが、後々になって考えてみてここに大きな問題が含まれていることが分かりました。

この問題点をアスリートでタレントの武井壮さんがツイッターへの投稿でうまく言葉にしてくださっているので、丸々引用させて頂きます。


プロやトップアスリートの言葉と動きにはズレがある。ゴルフなんかその典型で、プロに聞いても上手くならないことも多い。指導を仰ぐ時は、言葉とその選手の動きのズレを探って、無意識だけどやっていることを見付けると答えがある。当たり前にできる事は意識してないから言葉にしてない事が多いのよ。※

この○○については、質問者が聞いてくれたおかげで師が「当たり前」と捉えていることが判明したので良かったといえますが、残った問題は私にとって○○は決して「当たり前」と言えるようなものではなかったことです。
師にとっては「当たり前」、私にとっては「なんだそれ？」

※武井壮氏公式ツイッター［@sosotakei］ 1:22 - 2016年12月9日より
https://twitter.com/sosotakei/status/806896789164937216

この「当たり前」の不共有は物事の伝達において非常に大きな障害となります。当たり前の不共有は韓氏意拳の学習において重要視される「感覚」においても同じことが言えます。

例えば、韓競辰師は講習において高い頻度で、

「まるで足が持ち上がるような感じ」

という言葉を使用します。

最近になってようやく、

「もしかしたら師はこの感覚のことを【足の裏】と呼んでいたのか！」

というような経験をして、今まで私が【足の裏】と思っていたものは、あえて言葉にするのなら【頭の中にある足の裏】で実際には感じてはいなかったということに気が付きました。

気が付いてから初めて自覚されたのは、それまで良かれと思って行っていたのは「足の裏を持ち上げようと考えて行っていた動作」で「本当に足の裏が持ち上がってくるような感じがする」ということとは全く別物だったということです。

今まで試行錯誤してきたことを突き崩されるようなショックな経験でした。

あくまでも「まるで」なのは足の裏が地面から浮き上がるわけでないから（実際には上がらないので感覚的にはちょっと重い感じですらあります）ですが、「例えじゃなくて本当に上がる感じがするのか！　本当なんだ！　本当なんだ！」と一人で感心しました。

このような「（私自身にとって）リアルな感覚」の経験が起きてから、私の中で師の伝える内容と伝統武術に伝わる要訣に対する「信用度」が上がりました。

中国の伝統武術における「口伝」とはこのような「感覚的な経験の共有」を通して伝えられるものであるのではないかと思います。

引用した言葉をお借りして韓氏意拳として説明すると、

「動きの質のズレを生む、師が（言語化していることも、していないことも含めて）【見えている感覚】を見つけ共有すること」

と言えます。

学習においては言語化されていない先生にとっての「当たり前」を見つけることができる人を、センスがあると呼ぶのでしょうが、私は言語化して頂いたことを追っかけるだけで精一杯で、何かの弾みで転んだ時に、たまたま前にあった「当たり前の不共有」に気がつくラッキーに助けられて学習を進めています。

やれやれです。

拳の「真」

韓競辰師は拳を語る際にもっとも難しいこととして、

「拳における「真」（言い換えれば「リアル」）は教えることはできない」

を挙げられます。

「真」の場面における恐怖心、瞬間性、スタートの合図と終了の合図がなく、正解がない場面での対応力などは自分で体験するしかないということです。

昔日の武術家はそういった体験のない人などいなかった。

今は後腐れなくそういった経験をすることが難しくなってしまったと。

確かに私自身も、若い頃は喧嘩に明け暮れて、夜な夜な繁華街へ繰り出しては、適当な相手を見繕って喧嘩していました……みたいなエピソードは遠い世界の話で、喧嘩といえば、少年時代に何が理由かも分からないような誰でもするような喧嘩を数回したくらいで、青年期にグレていたということもなく呑気に過ごしていたので、武術家らしい実戦経験などというものはないに等しいです。

遊び稽古09

連環拳で遊ぶ！

先のような理由で、私の様な実戦経験に乏しい人が、初級の練習を終えたからと言って「はい、じゃあ実戦ね」と言われても大多数の人にとっては難しいものがあるのではないかと思います。

試すことの重要性は、何度も書き連ねてきましたが、試すにしても試すだけのものがなければ、試したところで得るものは非常に少なくなってしまいます。

平たく言えば「何もできない」ということを知るだけになってしまいます。

ですから「実践的練習」の前に紹介した段階的に「実際に当てる」練習の体験が絶対に必要であり、動く的に的確にヒットする練習もまた必要になります。

そうした練習と練習で得た経験が更に基礎的な練習の質を高めてくれることでしょう。

ここで紹介する「連環拳」は五行拳で覚えた拳の軌道を活かしていかに回していくかに焦点を当てた練習法です。

以前、韓競辰師は「あまり二打目を必要としたことはない」とご自身の経験を聞かせてくださいました。そのような「一撃必殺的拳」は漢の夢ではありますし、一打一打で倒すくらいの気持ちで打たないと効果的ではありませんが、実際私くらいの実力ですと一打で終わらすことは難しいように感じます。

ですので結果としてもう一打となるのですが、五行拳を練習しただけでは連打の「繋ぎ」がなく途切れてしまい、単打と単打になってしまうことで非常に当てづらくなってしまいます。

紹介は一例となりますが、組み合わせは幾通りもありますので、ご自身で環境が許すなら稽古仲間といろいろ試してみてください。

右構えから

01・02　対手の左手に対して、小車歩（179頁）の要領で右を打ち込む。

03　打ち込んだ右手を掛けるように引き込む（技撃樁の逆式）。

04　再度小車歩で踏み込んで顔面を打つ。

01

02

03

04

左構えから

01　跟歩で踏み込みながら右で打ち、
02　続けて左を対手の相手の右手に当てる（押し付ける位がよい）。
03　左手で対手の右手を払いのけ右手で顔、もしくは顎、首などに打ち込む（劈拳）。
04　自身の体勢が崩れていなければ、更に左手で対手の右脇を狙う（崩拳）。

01

02

04

03

255・256頁のような決まった連環（コンボ）を練習したら、パートナーに自由に構えを変えてもらって拳を入れてみましょう。何事も始めはゆっくりと寸止めで、慣れたら軽接触へ。様々なアイデアを試してみてください。

こういった練習は勢い任せにやってしまうと怪我が多くなります。初めはゆっくりと丁寧に、強く当てることは意識せずに寸止めで繰り返し何度も行ってみてください。

韓氏意拳においてはこの五行拳も、感覚を通じて「状態」のあるなし、あるのならば密度について認めていくプロセスであることは変わりないのですが、運用ということも考えるのならば「触れる」「当てる」ことを始めてみると、必要とされる安定性の度合いが分かるようになって、より面白い発見につながると思います。

第8章のまとめ

これで韓氏意拳の拳法まで終了しました！　初級の基本的な練習は以上で終了です。残すは補助功法のみ。あとは繰り返し繰り返し、何度も何度も練習あるのみです。

韓氏意拳においてはこの拳法・五行拳も感覚を通じて「状態」のあるなし、あるのならば密度について認めていくプロセスであることは変わりないのです。

しかし遊びでも触れましたが、運用ということも考えるのならば「触れる」「当てる」ことを始めてみると、必要とされる安定性の度合いが分かるようになります。

そしてその体験を持って基本の練習を行えば、また違った実用に則した発見があることでしょう。

第9章

〝補助功法〟

道具を使って練習しよう

補助功法は主に道具を用いて行う、初級課程の補助的な練習方法です。
これらは駒井式とは違い韓競辰老師に紹介されたものとなります。
道具なしでの一人の練習では掴みにくい感覚を捉えるのに大いに役立つことでしょう。

假手《ジャーショウ》を使った稽古

假手（偽りの手）を用いて行います。
顔にあたっても大きな痛みのない程度の強度で制作すると安全によりよい練習ができます。ホームセンターなどで売っているウレタンやソフトスポンジなどの緩衝材が便利です。長持ちはしませんが、新聞紙などでも良いでしょう。

重要！　顔を打つ際は假手が眼に入らないように注意して行ってください。
長さの目安は腕の長さに持ち手の部分を足した程度。
（参考までに写真で使用している假手は70センチ）

假手を使った稽古　「待つ」「応じる」「発する」の三段階のステップ。パートナーの役割も重要。「発する」タイミングはなるべくギリギリまで引き付けて、非接触と接触の瞬間に爆発するような感覚で行いましょう。

・動かず待つ、良く感じる

相手（假手）が近づくにつれて自分にどのような変化が起こるのか？　接触の瞬間はどう感じるのか？　まずは動かずに観察に徹します。

自身の状態を切って行えば状態の変化は起きませんので、しっかりと状態に進入して待ち受けます。またパートナーが軽く触るだけやゆっくり過ぎると真実味が薄れてしまい、状態の変化も起きませんので、相手が自然に緊迫感を感じられるようにリアルな速度感を持って、踏み込んで突いてあげましょう。その為の假手です。突くのは相互の了解があればどこでもＯＫです。

・応じる

段階的に動いていきます。まずは突いてきた假手がまさに体に接触する瞬間に応じて、僅かに収縮するように動きます。小さく「抱」を行うような感じ。できる限り近づくのを待って、パートナーを吸い込む様な感覚で行えると良いでしょう。

最終段階は非接触と接触の瞬間を捉えて、拳を発し全身運動を行います。この際に必ずしも假手を払ったり、防いだりする必要はありません。向かい入れるタイミングを重要視して行うとよいでしょう。向かい入れつつ、拳を放つ瞬間に僅かに進んでいれば更によいです。パートナーは相手の動くのを想定して、相手が全力で動いても手などが当たらないように配慮して突いてください。

あまり踏み込み過ぎると予期せぬ接触が起こり危険です。始めはパートナーに何度か突いてもらって自身のタイミングが合った時に動いてみてください。速い動きは声を出したほうが全身の協調が取りやすい人もいますので、許される環境で練習する場合はいろいろ試してみましょう。

バスケットボールを使った練習

ボールを用いて主に歩法の感覚を養います。

腰の高さに合わせて、ボールを転がしても落ちない程度の広さを持ったテーブルなどを用意します。バスケットボールを用いるのは転がして動くのに適した大きさだからで、バレーボールでも可能です。まずは有るもので試してみましょう。

・前後

技撃歩のスタンス(3：7で「似正似斜」“正面のようで斜面のようでもある”)で行います。ボールの上に置いた手は、常にボールの上にあるように転がして前後します。ボールではなく正面を見て。

・左右

体の正面に置いたボールの上に手を置き左右に転がします。転がしたボールに付いて常にボールの正面にいるように左右に移動します。片手、両手どちらも行ってみてください。

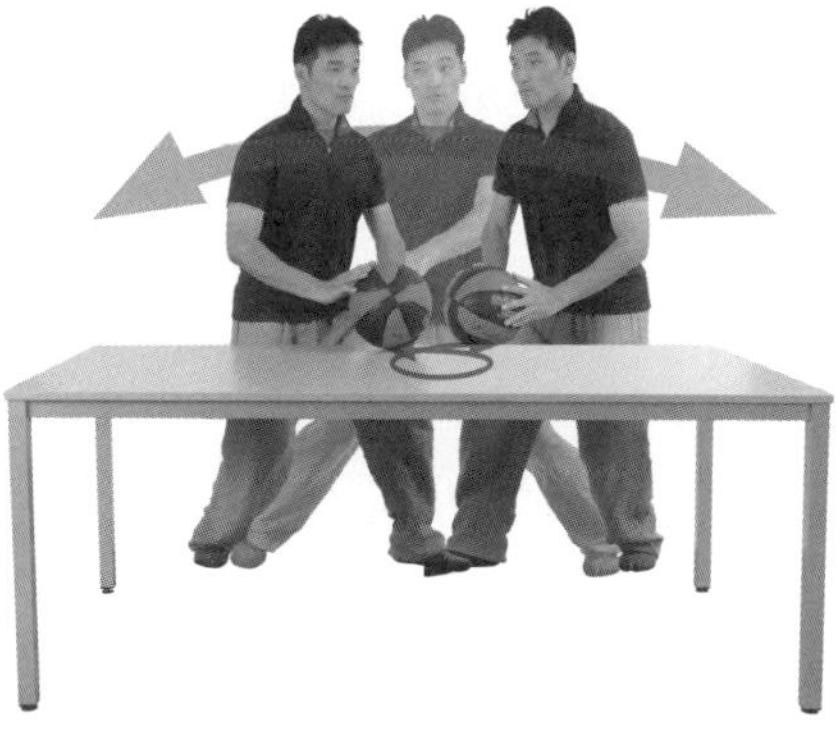

・旋転

α字もしくは円を描くようにボールを転がします。転がしたボールの正面に入るように角度を変えながら行います。近づいて来るボールを敵の攻撃と置き換えて迎えるかの如く行ってみましょう。

01

02

03

抱式で手が体に近づくのを利用して常にゴムの弾力、張力を感じられる様に。まずは重心転換の後ろから。手で引かず重心の移動で弾力が変化すること。終わった後も緩まないことが大事。拳式なども試してみましょう。

ゴムチューブを使った練習

エクササイズ用に販売されているゴムチューブを用いての歩法と全体運動の感覚を養う練習法です。一人で行う際はチューブをやりやすい高さにかけて行います。ゴムの強度は各人の体力に合わせてご用意ください。軽い抵抗を感じる程度がよいでしょう。

遊び稽古10　四足歩行

以前観たテレビの情報番組で、中国で「四本足歩行が腰痛などに効果のある健康法として人気」という紹介をしていました。「おっ！」と思って期待して観たのですが、見事に上半身と下半身がバラバラでした。続けると腰を痛めそうで怖いなと思いましたが、その番組でインタビューを受けていたお年寄りは「この運動のお陰で腰の調子が良い！」と答えていたので大きなお世話かもしれません。

ただこれらは何も中国に限ったことではなく、日本で指導していても事情は同じです。ほとんどの方は手が手のままで、前足の様に働きません。本当に「四足」と言えるようになるには、前足が動けば、後ろ足がついてくる状態になることが大事です。

1　腰を下ろし膝を曲げ、肩幅程度に開き、手を地面に着き四つん這いになります。手を地面で支え、顔の正面に来るくらいにセットして、その状態で何度か手を交互に持ち上げます。その際に地面に着いている片手にしっかりと体重がかかっているかを確認してください。
2　確認できたら手を前に出して進みます。
3　自然に足がついてくるようなら、しばらく続けます。

足が自然についてこないようなら、感じがつかめるようになるまでは、少し前方＝遠くに手を着くようにしてみてください。

足が伸びきってしまうと、手をいくら伸ばしても足はついてきてくれません。そんな時は高さに制限を加えて少し低めに四足歩行を行ってみてください。

練習パートナーやご家族がいれば、手を伸ばしたトンネルを作ってもらって、それに当たらないように潜りぬけるようにしてもらうと足の感じが掴みやすいかもしれません。低いところを潜り抜けられれば上手くなるというものではありません。体のサイズによって程よい高さがありますのでいろいろ試してみてください。

腰を捻る運動は本来は〝意味がない〟

ここまでの繰り返しになりますが、韓氏意拳においては〝腰を捻る〟ことはしません。しかし世の中には、「腰を捻る運動は良くない」「いやパワーを伝えるには良い」という意見もあり、賛否両論がありますね。それぞれに、

「腰を捻らないとこういうことができる」
「腰を捻る筋肉を増すとさらにパフォーマンスが上がる」

手足の均衡がとれて手が出れば足がついてくる。

四足に見えるが実際は足のみで体を支えている。
そのため、手を上げても影響がなくつながりが薄い。

手足が離れすぎていてつながりが薄い。

駒井式の四足の定義は「前足である手を出せば後足である足が付いてくるように移動ができること」です。手と仙骨のあたりの関係性も一つのカギになります。均衡が保てると少々上から押されても問題なく移動することができるでしょう。

“前足”にしっかりと体重が乗った状態で、腰を捻ると倒れるだけでスムーズな移動には繋がりません。緊急回避やブレイクダンスのテクニックとしてはあり得るかもしれませんが、試す際は顔面を強打しないようにご注意を。

など具体的な効果を示してくれる教えがあります。

どちらも実際に行ってみると、それぞれに納得するところ、結果を伴うところがあるので、どちらの説にも一理あるといって差し支えないと思います。

ただ「腰は捻らない」ことが「なぜ良くて、なぜ悪いか」という説明で納得できるものに私は出会ったことがありませんでした。

そこでここでは、私なりに一つの仮説をうち立ててみたいと思います。

これから解説する説が正しいとは言いませんが、それなりに面白い仮説ではないかと思うのです。

The Way of the Ape.（猿への道）

これに気がついたのは四本足（四つん這いの姿勢）の状態で站椿の解説・指導をしていた際のこ

とです。

　四本足になっている時に、立位で言う前後、伏せていると上下に（腕立て伏せのように）動くことは可能です。また立位でいう左右は、伏せていても左右なのですが、腰を中心とした捻る動作というのはできないということに気が付きました。

　行ってみるとすぐ分かりますが、行為として捻ることはできないことはないのですが、体を捻ることで、それまで体を支えていた手が地面を離れた瞬間につぶれて倒れてしまうことが怖くてできないのです。

　また仮に、「えいやっ！」と思い切りよく行ったとしても、その場で倒れるだけなので、韓氏意拳の重要視する連続性、継続性のある移動（運動）ではなく、体操的な動作といえるでしょう。

　話のついでに説明しておくと、手に体重が乗らない（地面に触れているだけ）疑似四足では腰をねじることはできますが、これは二足と同じです。（２７０頁上段画像参照）では実際にどのようにして左右方向に動くかといえば、腰を左右に捻るのではなく、左に行きたいのなら右手を左側へ、右に行きたいのならば左手を右側へ持っていくことで方向を転換します。

　こうしたことを踏まえて、私が立てた仮説とは、

「腰を捻るのが中心ではなく、手などの末端が主体となる運動とは四本足での移動運動の法則に従うことと言えるのではないか」

　ということです。

　これが正しければ、韓氏意拳の横向や左右試力、技撃樁・大式樁とは、私たちに根強く残っている四足時代の祖先が持っていた、

「体全体がまとまった状態での左右への方向転換運動に則した訓練」

と言えるかもしれません。

　その様な意味では腰を捻ることを中心とした動きは、立ち上がることで、四つ足から二つずつの手足とに分ける進化をした現在の〝人間らしい〟新しく獲得した動きのバリエーションといえます。ただ、私たちはまだ現在進化の途中で、完全には二つの手足に移行していない中途半端な状態なのかもしれません。

　そう考えると、人間が歩く際に手を振るのも四足時代の名残なのかもしれませんね。

　今でこそ人間にとって手を主体にした運動を自然に行っていますが、四足動物が誕生

してからの歴史の方が、猿人、原人、旧人類、新人類が立ち上がるよりも圧倒的に〝長い〟ことや、運動の原理から考えれば、四足動物的な動きの方がより自然なのかも知れません。

立ち上がった人間にとっては捻ることも、捻らないことも「どちらもできること」ですので、どちらが良いのかは結論が出ないのかもしれません。ですが、猿人から進化し、現在の新人類までの長い歴史の名残が、二足歩行時の人間が歩く際に足だけでなく手も振ることに表れているとしたら、それに従うのが自然と言えるのではないでしょうか。

これらは一拳学習者の体験的仮説ですので、専門的な知識をお持ちの方からしたら噴飯ものかもしれませんね。

韓氏意拳の中級の稽古について

韓氏意拳の初級教程について解説しましたが、韓氏意拳には続きとして中級教程も存在します。

中級も初級同様に形体訓練から始まり站椿、試力と続いて本書で紹介した初級と同じかそれ以上のボリュームがあります。

内容的には初級が形意拳をベースにしているとすれば、中級では韓家に伝わる太極拳、八卦掌、心意六合八法、中国式摔跤《シュアイジャオ》のエッセンスがちりばめられています。

初級で攻防に必要な基本的な要素を練習し、中級で運動に必要な耐力、円滑性、連続性、全方向性、特殊性、結果としての芸術性を身につけていきます。

私自身が特に中級に関してはまだ十分に研究し尽くしてはいないという思いもあり、中級の全てを紹介するのはまた次の機会に譲ります。

その代わりに中級を学び始めたころからの経験の話をしたいと思います。

摔跤《シュアイジャオ》との出会い

3年ほど訪中を繰り返して初級を終えたといっても、私自身はまだ「これで強くなるのかな」という疑問を払拭せずにはいられませんでした。

韓氏意拳を学び始めた当時、光岡先生が「この完備された体系があれば、3年もすればオリンピック競技などにも韓氏意拳から出場するような実力者が生まれるのではないか？」と仰っていたことを覚えています。

光岡先生ほどの実力者が言うのならば「その様なこともあるのか」と思っていましたが、他の方についてはともかく、私自身は3年経ってもそのような実感は一つも湧きませんでした。

第1章でも書きましたが、その頃から教練養成課程に入り仮免許的に講習も始めています。

幸い受講者にも恵まれて。教えること自体も楽しく、本当によい勉強になりましたが、自信と呼べるようなものは全くありませんでしたので、ただ一生懸命に習ったことをシェアするように講習を行っていました。

そんなころに中級過程の伝授が始まります。

たしか韓競辰師が京都に来られて講習があった時のことの様に思います。

その後も訪中や師の訪日時に教練研修を繰り返して、中級も3年程かけて一通り習い終えました。私にとってブレイクスルーといえるような経験はなく、益々分からなくなる一方でした。

「分からない、分からない、肝心なことが分からない」の連続の中にも「あ、これだ！やっと捕まえた！　やった！」と思うような体験もありましたが、そのほとんどは取るに足らないようなものか、ただの勘違いでした。

そんなことが10年以上も続き、今のやり方を続けていても私には韓氏意拳を理解することはできないのではないだろうかと思い始めたある年の春節、光岡先生に誘われて二人で訪中した際にひょんなことから韓競辰師より中国の投げ技中心の武術・摔跤を習う

意拳の練習法（韓氏意拳では中級課程）、降龍樁の元は投げ技の基礎訓練。
左『意拳学 中国功夫の精髄』（韓星橋著　スキージャーナル社）より。
右『中國摔角法」（佟忠義著　逸文出版有限公司）より。

機会がありました。

韓氏意拳の中級の形体訓練のほとんどや特殊樁の降龍樁は摔跤の練習法が基になっていますので存在は知っていましたが、摔跤自体の練習法を習ったのはその時が初めてでした。

韓氏意拳の原点の一つになっているのならば習って損はないだろうと思い、台湾に渡り摔跤を学び始めました。

併修のおかげでより深く韓氏意拳が理解できるようになったかというと、まだその段階にはありません。

しかし大きな変化がありました。

摔跤には試合があるのです。

韓競辰師からも「経験は教えることはできない」と昔から言われていたのですが、ルールのある試合では「真」の体験はできないとも言われていたので、自分から積極的に行うことはなかったのですが、このままでは何もつかめないまま人生終えそうに思っていたので、なんでもやってみようとチャレンジしてみました。

するとまあ上手くいかない。

しかしこの上手くいかないことが練習に変化をもたらします。

試合のような場所で試すと上手くいかない理由がはっきり分かるので、勘違いの発見や意味のない練習がなくなりました。


もう一つ変わったのは練習の内容です。韓氏意拳では「不用力」と強調されるので、習い始めた当時から「いわゆる筋トレみたいなものは一切やらないようにしたほうが面白いだろう」と思って実際やらなかったのですが、摔跤を始めてみると耐力や筋力も実際の場面では全く必要ないと「自分の言葉」として言えなくなったので、体を鍛える練習も始めました。

そして面白い（皮肉な）ことに、韓氏意拳の教えと反するような練習に明け暮れた結果、韓競辰師から初めて「不錯（悪くない）」との評価を頂くことができました。

韓競辰師の指導は基本的に悪いところと良いところのどちらもお伝え頂けるので「ヘンハオ！（とても良い！）」と褒めて頂いたことは何度もありましたが「不錯」のほうは本当に認めている時にしか口にされていないように思うので、勘違いかもしれませんがとても嬉しかったのです。

師に内緒で併修を始めたわけではないので来日時に試合や実験的な練習の成果（後れを取ったことも含めて）を報告すると「まずは勝ち負けは気にせず、友と勇気をもって交流しなさい」「試合は真ではないが、近い経験をすることができる」と応援してくださいました。

そう、私に足りなかったのは実際の体験だったのです。

もっとはっきり言えば「ちゃんと試して、ちゃんと勝ち負けを付けること」。

思えば韓競辰師も光岡先生も若いころにきちんとその道を通っています。

そういう所を通ってある程度以上に勝てるようになってから3年なのかなと今は思っています。老師が通った道をスキップして老師の言葉や練習法を理解できると思ったのが痛恨の間違いでした。

「なんでそんな当たり前のことをやらなかったのか？」「もっと早く若い時にやっていれば」と思わなくもないのですが、達人思想はバカバカしいと口にしながら、どこかで伝統武術の先生は負けたら価値がなくなるのではないかといった愚かな呪縛と恐怖があったのかもしれません。

しかし実際に試してみてすっきりしました。

まさに毒が抜けたような心持ちです。

勘違いしてスタートに戻るようなことがなくなったことで、練習への意欲も全く変わりました。

私自身のこの様な経験から、最近の講習では初級にも中級にもない本書で紹介した遊び稽古を行ったり、新たな取り組みとして、対人練習のみを行い実際に近い状況で韓氏意拳を如何に用いるのかを研究する「技撃研究（練習）会」を始めています。

韓氏意拳の中でも全く初めての試みで、賛同者も参加人数も少なく研究は少しずつしか進みませんが、いずれ日本における韓氏意拳の発展に貢献することもできるのではないかと考えています。

修身八勢《シュウシエンバーシー》「孤雁出群《グーユエンチューチン》」（こがんしゅつぐん）

本書では中級の締めくくり、先代の韓星橋大師が制定された練習法「八勢《バーシー》」の中から一つを紹介したいと思います。

この他にも「旱地推舟」「波浪錘」「攬札衣」「閉門推月」「獅子揺頭」「摘星換斗」「蛇纏手」

があり、八つの運動を合わせて「八勢」となります。

なお起式、収勢は全てに共通します。

縦横の円運動や回転反転が多く、覚えるのに一苦労。韓競辰師に何度も何度も繰り返し行ってもらい、教練同士で「あーでもない、こうでもない」と頑張って覚えました。

皆さんもとりあえず形をなぞるところから始めるとよいと思います。

それだけでも適度な運動にはなります。

まずは覚えることを目標にやってみましょう。

しかし八勢も今までの練習体系同様になぞるだけで上手くなる秘法的練習ではありません。初級から中級までの総まとめとして行うものです。

その中身を汲み取り伴わなければ本来の「醍醐味」は失われてしまうことでしょう。

その大事な中身とは中級に至っても初級と変わらず「状態があるかないか?」という一つの大きな問題なのです。

八勢 起式《チーシー》

01　両足を開いて立ちます。
02•03　両手で円を描きながら回し上げ、
04-06　肩幅と同じ程度になったらゆっくり手と腰を下ろします。※包羅万象：全てを包んでいくように。

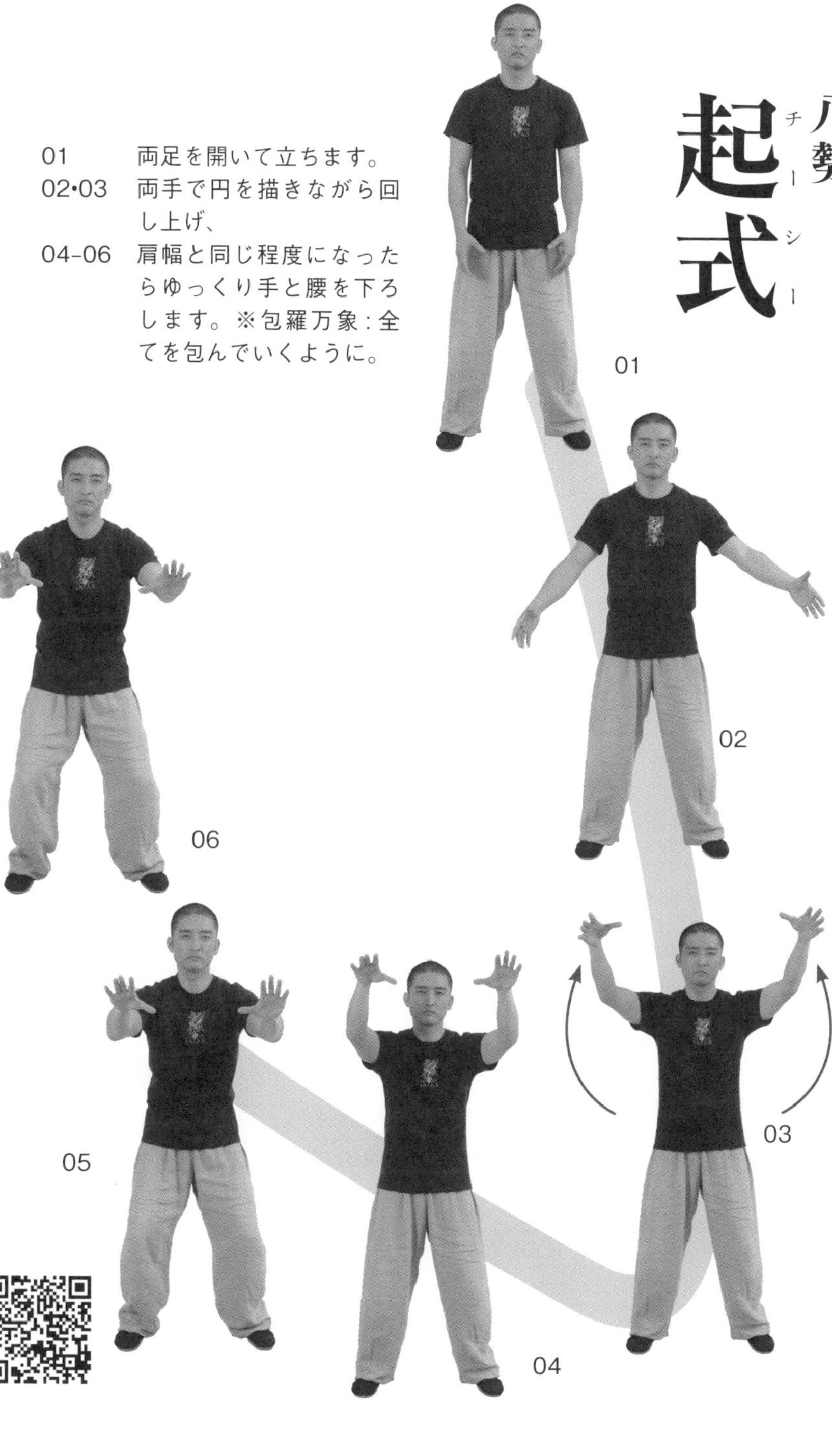

八勢 孤《グー》雁《ユエン》出《チュー》群《チン》

01-03　左手を回転させながら右方向に合わせていきます（右手のひらが下向き、左手のひらが上向き）。同時に左足も右に付いていきます。

04-06　両手を開き、足も開きます。角度は45度へ踏み出し、目線は右手の下方向へ。

07　右手を返しながら上方へ、目線も一緒に上方へ。全体も同時に変化します。

08･09　左手を返し、目線も左手へ、全体も同時に変化します。

10-13　右手を回転させながら左方向に合わせます（左手のひらが下向き、右手のひらが上向き）。同時に右足も左に付いていきます。

14以降は06からを反転させて行います。

15
07
14
08
13
09
12
11
10

おわりに「やさしさについて」

私の遅筆ぶりによって刊行まで予定の3倍近い時間がかかりましたが、なんとか最後までたどり着きました。

兎角分かりにくいと言われる「韓氏意拳」をなるべく簡単な言葉で「やさしく」できないかと始まった企画でしたが最初からお読み頂いた皆様にとっては如何でしたか?

やっぱり分かりづらいところもあったのではないかなと思います。

それは私の文才や理解がまだ及ばないことによるところが大きいのですが、それだけでなく本書のどこかで触れたであろう「自然な運動が行われた時の感覚は〝無〟の様な感覚」であるからという点もあるのです。

ですから「分からない」と感じている時こそ「良い」に近い可能性が大。

「分からない」と感じている方こそ韓氏意拳の才能があるのかもしれません。

私は師や稽古仲間やタイミングに恵まれて、結果的に続けることで様々なことを体験できました。もしそうしたことがなく、最初から最後まで全部が分からないのでは、私のような「小説や映画も分かりやすいものが大好き」な人にとっては、（伏線や隠喩に気が付かず）単調でつまらないだけの道のりとなってしまう恐れも無きにしも非ず。

韓氏意拳の体系、師の教えとそれを理解するのに苦しんだ私の工夫を分けてお伝えする為に私の考案したもの、その他おススメの運動を「遊び」と称して合間に紹介しました。伝統拳としての韓氏意拳、意拳に取り組む際の運動経験、感覚体験の不足を補うものとして取り組んで頂ければ幸いです。

韓氏意拳の一番の目的は「自己を通じて自己を知ること。自ずと自然について知ろうとすること」です。

知ろうとする過程、つまり「探求」こそに醍醐味があると思います。

韓氏意拳の体系は「道具である」と韓老師は仰います。

道具は使ってこそ役に立つものです。

ただし習い覚えたことをただ漠然と繰り返すだけでは、苦役と同じで面白みがありません。

楽しみは「あーなのかな？　こうなのかな？　あーでもない、こーでもない」というような試行錯誤の中にこそあると思います。

そして試行錯誤こそが「探求」に必要な「探求心」の燃料になってくれるのです。

この本を通じて語ってきたことの全ては、「私の燃料」になってくれた事柄の紹介であったのかもしれません。

皆さんも是非この本で紹介した韓氏意拳の訓練方法を使って、自らの試行錯誤によって燃料を掘り出し、その燃料でまた掘削機のエンジンを回して燃料を掘り出し……と続けてみてください。掘り続けていればいずれ身近すぎて気が付かなかった〝自然〟という鉱脈に辿り着くことでしょう。

遊びの紹介も含め出来る限り噛み砕いて「やさしく」しようという試みが、薄めすぎて味気ない料理のようになっていないかどうかは、自身では判断が難しく苦悩もありましたが、なんとか私向けの「やさしい韓氏意拳」を完走することができました。

これも韓氏意拳の創始者である韓競辰師と日本韓氏意拳学会の光岡英稔師のご指導のおかげです。以前韓競辰師より入室に当たっての食事の席で「中国武術の一門は家族のようなもので、これから貴方は息子も同然だ」と仰って頂きましたが、それにしても私のような通りの悪い人間にお付き合い頂くのは大変だろうなと思わずにはいられません。

光岡師にはこの本の元になった連載中も様々な面で励まして頂きました。おかげで間違うことを恐れずに自分の思うことを表現できました。

また元は誤字・誤表現だらけの原稿でしたが、日本韓氏意拳学会の鹿間氏とコ2（日貿出版社）編集者・下村氏に原稿チェックでお世話になりました。撮影にご協力頂いた小磯氏、高橋氏にも感謝いたします。

何かの形でまたお会いできることを楽しみにしております。

ではその時まで、ごきげんよう！

２０１９年立春　駒井雅和

主な参考文献
『意拳学 中国功夫の精髄』（韓星橋著　スキージャーナル社）、『中國摔角法』（佟忠義著　逸文出版有限公司）、『意拳匯綜』（香港意拳學會編輯組　天地図書）、『老子』（金谷治著　講談社学術文庫）、日本韓氏意拳学会 Web site（http://hsyq-j.com/）

駒井雅和（Masakazu Komai）

こまい・まさかず／本名同じ。1975年、東京都府中市に生まれる。現在も東京在住。2003年より訪中を繰り返し韓競辰師の指導を受け、2005年入室弟子となる。現在は中級教練となり東京を中心に各地で講習活動を行っている。2014年K-STUDIOカンフーパンツをインターネット起業。2017年日本摔跤協会を発足。座右の銘は「為せば成る」。

韓氏意拳 TOKYO 活動中心（https://hsyq-tokyo.jimdo.com/）
日本摔跤協会（https://shuaijiao-japan.jimdo.com/）
K-STUDIO カンフーパンツ（https://kung-fu-pants.jimdo.com/）

韓氏意拳 TOKYO
活動中心

駒《こま》井《い》式《しき》
やさしい韓《かん》氏《し》意《い》拳《けん》入門《にゅうもん》

●定価はカバーに表示してあります

2019年2月22日　初版発行

著　者　駒井《こまい》 雅和《まさかず》
発行者　川内 長成
発行所　株式会社日貿出版社
東京都文京区本郷 5-2-2　〒 113-0033
電話　(03) 5805-3303（代表）
FAX　(03) 5805-3307
振替　00180-3-18495

印刷　株式会社ワコープラネット
写真撮影　糸井康友

落丁・乱丁本はお取り替え致します

ISBN978-4-8170-6021-1
http://www.nichibou.co.jp/